U0602166

七夕

星空、神话与异域风俗

刘宗迪——著

中国出版集团 东方出版中心

图书在版编目（CIP）数据

七夕：星空、神话与异域风俗 / 刘宗迪著. —
上海：东方出版中心，2024.1
　　ISBN 978-7-5473-2259-8

Ⅰ.①七… Ⅱ.①刘… Ⅲ.①节日—风俗习惯—
研究—中国 Ⅳ.①K892.1

中国国家版本馆CIP数据核字（2023）第204424号

七夕：星空、神话与异域风俗

著　　者　刘宗迪
责任编辑　陈明晓
封面设计　钟　颖
版式设计　赵萌萌

出 版 人　陈义望
出版发行　东方出版中心
地　　址　上海市仙霞路345号
邮政编码　200336
电　　话　021-62417400
印 刷 者　山东韵杰文化科技有限公司

开　　本　787mm×1092mm　1/32
印　　张　10.125
字　　数　151千字
版　　次　2024年3月第1版
印　　次　2024年3月第1次印刷
定　　价　88.00元

版权所有　侵权必究
如图书有印装质量问题，请寄回本社出版部调换或拨打021-62597596联系。

作者简介

　　刘宗迪，1963 年生于山东即墨，先后就读于南京大学气象系、四川师范大学中文系、北京师范大学中文系，曾任职于中国社会科学院民族文学研究所、山东大学儒学高等研究院，现为北京语言大学文学院教授。主要从事神话学、上古史、民俗文化史等方面的研究，著有《众神的山川》《〈山海经〉的世界》《失落的天书》《古典的草根》等书。

封面图片采自清画院绘《十二月月令图轴·七月》、清焦秉贞绘《御制耕织图·织》。

每到暑热初退、凉风乍起的初秋之夕，人们都会不由自主地举目望天，在初升的新月光华中，在满天闪烁的繁星中，在烟波微茫的银河边，寻找两颗星星的清辉。

楔　子

现代人对于头顶上的星空越来越陌生了。满天繁星，对于现代人而言，大概只是记录于天文学读物中的抽象概念，人们不仅不能像古人那样如数家珍般指出星星的位置、认出星宿的图形、叫出星星的名字，甚至连那些千百年来世代流传、古人像话家常一般时常念叨的星空神话、星辰故事，也早已付与忘川逝水了。

现代人对于星空越来越陌生，因为现代人的视野越来越逼仄、眼光越来越短浅。古人栖居大地，举目四望，地阔天高，繁星垂四野，万象为宾客。现代人则深陷于都市的水泥森林中，高楼大厦将浩瀚夜空分割得支离破碎，嚣腾的红尘和迷乱的灯火湮没了满天星光，人们鲜有余暇和闲心登高望远、仰望星空。古人眼中列星四布、星辰满天的夜空已经越来越遥远，现代人心目中的夜空，日益成为一个空洞模糊的梦幻宇宙，一个星尘风散、黑洞潜藏、异形怪物出没的黑暗空间。

现代人对于星空越来越陌生，主要还是因为他们的生活与星空越来越遥不相关。对于古人而言，星空与他们的生活密不可分，天文知识是他们须臾不可或离的常识。

对于古代那些漂泊沧海的航海者和浪迹天涯的游牧者而言，星空就是指引他们远游的指南和地图，北斗星七星高悬，一年四时，彪炳于北方夜空，猎户座三星璀璨，年年冬季，辉映于南天穹宇，为他们在烟波浩渺的大海上或山重水复的大地上勾画出漫游的路径，指明了回归的方向。群星列布的星空，就是一幅舒卷于浩荡夜空中的地图，只要记住几颗星星的位置，远行者就不会迷失方向，就总能确定自己所在的位置，也总能找到回家的道路。古代的远行人，离不开星空的指引，而现代的旅行者，只需凭借手头的航海图或地图、罗盘仪甚至卫星导航仪，就可以轻易地确定所处的方位、远行的距离以及目的地的位置，他们已经无需星空经纬的指引，无需北斗星或猎户座为他们指引方向，尽管北斗星依然高悬北方，尽管不老的猎户座依然在年年冬夜牵犬出猎。

对于古代那些终年劳作于大地田园的农人而言，夜空中四时轮回的群星，则为他们昭示了岁月的推移、季节的流转。根据特定星宿的出没和方位，古代的农民能够很方便地判断季节和农候、预知风雨寒温、判断年景丰歉……周行不息的星宿，对于春种秋收的农人而言，就是高悬于头顶的历书和钟表。农人生活的节律亦步亦趋地追随斗转星移的步伐，列星迢递，春华秋实，群星运行的步伐规定了他们四时劳作、养生送死的节奏和周期，古代农人的命运与星空紧密地交织在一起。如今，随着历书的流通和钟表的普及，农民只要翻翻月份牌，就知道眼下是几月几日、何种节气、该安排什么活计，抬抬手腕看手表就知道此刻是几点几分、什么时辰、该下地还是收工。因此，尽管现在的农民依然终年劳作于星光辉映、风雨交织的大地之上，但对于头顶的星空，对于那些星宿的位置和名称，也大都茫然不知了。

因为星空与古人的生活息息相关，因为关于星空的知识是他们日常生活须臾不可忘却的常识，所以，古人不仅熟稔星宿的图形、位置，而且还借人间事物为满天星斗取了流光溢彩的名字，又根据这些名字演绎出意味隽永的故事。故事中，天上遥不可及的星星常常化身神仙降临凡世，或隐身尘寰，或游戏人间，给人们带来幸福或厄运，更有那些贪恋尘世欢愉的多情仙子，与凡夫俗子灵犀相通，一见倾心，演绎出一番缠绵悱恻的人神之恋。古老的星空知识和农时常识就借这些名字和故事深入人心、流行久远。随着星空的高飘远举，随着人们对于星空的日益疏远和漠然，现在不仅人们早已不认得几颗星星，说不出星星的名字，甚至连那些流传千百年、曾经脍炙人口的星星故事也随风飘散了。

但是，在中国人的心灵星空中，却有两颗星，以及它们的故事，直到今天仍让人津津乐道。每到暑热初退、凉风乍起的初秋之夕，人们都会不由自主地举目望天，在初升的新月光华中，在满天闪烁的繁星中，在烟波微茫的银河边，寻找它们的清辉。为了这两颗星星，古往今来的文人骚客不知道费了多少笔墨、抒写了多少哀艳的辞章。这两颗星星的故事，年复一年，不知道让多少思春的少女和伤春的闺妇每每仰望星空，黯然神伤。时光流转，沧海桑田，尽管我们头顶上的星空已然模糊，尽管很多人已经说不出这两颗传说中的星星究竟在满天繁星中的哪一方，但是，关于它们的故事却被一代又一代中国人不断地讲述着。中国人不仅讲述它们的故事，而且还专门设置了纪念和祭奠这两颗星星的节日。每到这个节日的夜晚，人间的小儿女会聚在满天繁星之下，搭起供桌，摆上新熟的瓜果、精巧的手工，望天而拜，默默地为这两颗天上的星星献上自己的祝福，也暗暗祈求天上的仙子照临人间，给自己带来幸运和吉祥——这两颗星星，一颗叫牵牛，一颗叫织女，这个奉献给它们的节日，就是七夕。

第一章

迢迢牵牛星，皎皎河汉女

牛郎织女故事以及七夕的起源

一、牛郎织女的故事

牛郎织女的故事在中国以及整个东亚世界可谓家喻户晓、妇孺皆知，不同的地方有不同的说法，各路说法尽管各有千秋，但大致情节却大同小异。

这个故事在当代最流行的一个"版本"，大意是这样讲的：

古时候有一个穷小子，家境贫寒，父母双亡，哥哥和嫂子看他是个累赘，早早地就跟他分家，只分给他一头老牛，他整天与老牛为伴，因此乡亲们就叫他为牛郎。

有一天，牛郎放牛，老牛突然开口说话了，告诉穷小子一个秘密：如何娶得一个仙女做妻子。它告诉牛郎，某月某日到河边，会看到一群仙女下河洗澡，老牛让牛郎预先在河边藏好，等仙女们都下水了，就偷走一件仙女的羽衣藏起来，等仙女来找他要衣裳的时候，牛郎就向她求婚，她就会答应嫁给他。穷小子照着老牛教的去做了，果然就娶回了一位如花似玉的仙女当娘子，这位仙女是天上的织女。

两个人成家后，相亲相爱。平时，牛郎耕地，织女织布，过了不久，就生养了一对儿女，一家四口，小日子过得其乐融融，十分美满。

又过了很久，老牛又说话了，而且还流出了伤心的眼泪，它告诉牛郎，自己气数已尽，剩下的日子不多了。它让牛郎在自己死后把牛皮剥下，仔细收藏好，将来碰到危难关

《牛郎盗衣》（杨柳青年画）

头自会派上用场。老牛说完就咽气了，伤心的牛郎埋葬了朝夕相伴的老牛，按照老牛的嘱托将牛皮小心收藏起来。

一天，牛郎正在地里干活，突然两个孩子哭着跑来告诉他，妈妈被一伙从天而降的兵将抓走了。原来，织女私自下嫁人间的事情走漏了风声，玉皇大帝的老婆王母娘娘知悉后大怒，当即就派天兵天将下界擒拿。牛郎眼看自己亲爱的妻子被天兵掳走，叫天天不应，叫地地不应，他急中生智，想起老牛的临终嘱咐，急忙找出一直收藏的牛皮，披在身上，又用一副担子挑起一对儿女，立刻就脚下生风般地飞了起来。

牛郎身披牛皮，肩挑孩儿，腾云驾雾地向掳走织女的天兵天将追去，眼看就要追上了，牛郎已经见到了织女的身影，织女也听到了孩子喊娘的哭声。气急败坏的王母娘娘铁了心不让他们夫妻团圆，于是抽出头上的金簪，回手一划，随着一道金光闪过，一条浩渺的大河挡住了牛郎的去路。

一对恩爱夫妻就这样被生生分开。从此之后，牛郎和织女，就只能一个在河东，一个在河西，隔河相望，却无法团聚。后来，玉皇大帝看他们可怜，就恩准他们每年七月七日见一次面。因为银河浩渺难渡，玉皇大帝就命令普天下的喜鹊上天去给牛郎织女架桥。据说，每到七夕这天，

《天河配》

（临汾年画）

地上很少看见喜鹊的影子，就是因为它们都飞上天去搭鹊桥了。

大概古往今来每一个中国人，都在自己小时候某一年的七夕，听大人们讲起过类似的故事。故事讲完了，大人们肯定还会指点着孩子仰望夜空，辨认星星，告诉他头顶上那一条横贯夜空、白波浩茫的银河就是分开牛郎和织女的天河，银河的西岸，满天繁星中最明亮的那颗星，就是织女星，织女边还有两颗较暗的星星，与织女鼎足而处，正好形成一个纺车的形状，附近另有四颗暗暗的星星，组成菱形的图案，那就是织女纺线的梭子；银河的对岸，织女星的东南方向，有一大两小一字排开的三颗星，中间那颗明亮的就是牛郎星，又叫牵牛星，牛郎两边那两颗稍暗的星星，就是牛郎用扁担挑着的一对儿女，因此，这三颗星又叫扁担星。"天街夜色凉如水，坐看牵牛织女星"，一代又一代中国人，就这样从牛郎织女的故事中，从银河边脉脉相望的两颗明星间，初次领略了爱情的珍贵和离散的忧伤。

牛郎织女始则恩爱，终则离散，天各一方，一年方得一会的悲剧，是这个故事的核心，千百年来，尽管故事的说法千差万别，但这个核心始终未变。"悲莫悲兮生别离，乐莫乐兮新相知"，正是因为这个故事所固有的人间情愫感人肺腑，才令它深入人心，千百年来传诵不绝，历久弥新。在历代文人的诗文辞赋中，牛郎织女的悲情故事，也成为吟咏不绝的永恒主题。

二、一个故事，多种说法

汉魏时期的诗文中就已经常提到这个故事了，表明这个故事在那个时代已经流传民间、广为人知。这其中，最著名的当然要数《古诗十九首》中那首脍炙人口的《迢迢牵牛星》：

迢迢牵牛星，皎皎河汉女。

纤纤擢素手，札札弄机杼。

终日不成章，泣涕零如雨。

河汉清且浅，相去复几许。

盈盈一水间，脉脉不得语。

诗重在抒情，而不在叙事，但一个故事被付诸歌咏，足以表明，这个故事在当时已经是一个广为人知的话头了。这一点由东汉人圈称在《陈留风俗传》中的记载即可略见一斑，圈书称："七月七日，织女会牵牛，乌鹊填河为桥。"（此书已佚，这段文字见唐代李峤《杂咏诗》自注所引）后世流传的牛女故事的基本情节那时大概已经基本定型了。此外，唐代诗人白居易在其自编的类书《六贴》中引《淮南子》里的话说："乌鹊填河成桥而渡织女。"但此文不见于今本《淮南子》，若此果为《淮南子》佚文，则证明牛郎织女鹊桥相会的故事，在西汉时期就已经为人称道了。

到魏晋时期，诗人对于牛郎织女故事以及七夕风俗的题咏，就更加屡见不鲜了。其中曹氏兄弟对这一主题尤为情有独钟，曹丕《燕歌行》借织女茕茕独处抒写闺怨："明月皎皎照我床，星汉西流夜未央。牵牛织女遥相望，尔独何辜限河梁。"曹植在其名篇《洛神赋》中借织女之独处无匹形容洛神之邈邈难及："叹匏瓜之无匹兮，咏牵牛之独处。""匏瓜"是织女星近旁的一组星，这里借喻织女。曹植在其抒愤诗《九咏》中又借牛郎织女的故事暗讽自己与曹丕虽属骨肉兄弟却君臣暌隔："临回风兮浮汉渚，目牵牛兮眺织女。"并且自注道："牵牛为夫，织女为妇，虽为匹偶，岁一会也。""织女牵牛之星，各处河之旁，七月七日，得一会同也。"三国时代的人们对于牛郎织女故事必定早已耳熟能详，唯其如此，诗人方能顺手拈来，随意点化。

所有民间故事以及民间风俗在引起文人的关注并被记录下来之前，都有一个漫长的口头流传史，因此，尽管牛郎织女的故事和乞巧风俗直到汉魏之际才于文献中显山露水，却不能因此就断定这个故事和风俗直到这个时期方始产生。尤其是像牛郎织女七夕相会这种旨在用故事的方式讲解、传授天文和农时知识的星象故事，与原始的观象授时活动密不可分，只能产生于历法尚不完善，人们尚需随时仰观天文、以察时变的史前时期。因此，尽管在传世文献中，牛郎织女故事在魏晋时期始见记载，但是，它必定有一个悠长的口头流传历史。

实际上，牛郎织女故事在汉魏之前的流传，从近来出土的秦代竹简遗书就可窥一斑。1975 年，在湖北云梦睡虎地秦代古墓中出土了一批被称为《日书》的竹简，其中就出现了牵牛织女的名字。所谓日书，是古代的一种方术迷信文献，书中按照一年中每月每日的干支注明了每日行事的宜忌吉凶，如某日不可盖房，某日宜于远行，某日宜于嫁女娶妻之类，供方士和一般百姓平时在确定婚丧嫁娶、动土起屋、出行就官等等的黄道吉日时参考。睡虎地秦简《日书》甲种中有如下两条记载：

> 戊申、己酉，牵牛以取织女，不果，三弃。
> 戊申、己酉，牵牛以取织女而不果，不出三岁，弃若亡。

古人以十个天干和十二个地支配合形成六十甲子，用以记日，简文中的戊申、己酉是两个干支日期。这两条竹简的意思是说，在戊申、己酉这两个干支的日子，不能娶妻，如果在这天娶妻，就会像牵牛和织女一样，不出三年就会分离。秦代时候的人们何以相信在戊申、己酉这两个干支日子不能娶妻，其中缘由已难得其详，无非是阴阳消长、五行生克那一套似是而非的道理，这个我们不必管它。不过，这两条记载却足以证明，早在战国至秦朝时期，牛郎织女聚散离合的悲情故事就已经广为人知了，牛郎织女故事之源远流长，即此可见。

1. 牛郎织女为什么分离？

一个故事一旦广为传诵，人们就会给它添枝加叶，从而枝蘗横生，分化出不少新的故事。比如说，关于牛郎织女分离的原因，就有好几种说法，除了归咎于王母娘娘从中作梗之外，有一种说法是将夫妻分离的原因归咎于牛郎欠钱不还。隋代学者杜公瞻在注释《荆楚岁时记》时，就提到一个故事，称："尝见道书云：'牵牛娶织女，借天帝二万钱下礼，久不还，被驱在营室中。'"杜为隋朝人，这个道书故事或出自魏晋六朝之间，这个故事中的牛郎，跟我们一般人所知道的那位既能干又老实的牛郎，完全是两样光景，这小子不仅是个穷光蛋，而且还是个欠钱不还的无赖，他借了天帝一大笔银子当彩礼，娶来织女当老婆，居然想赖账。天帝见讨不回银子，一气之下，就赶他到营室星宿中盖房子，打工抵债。原来，天公之所以要拆散牛郎和织女，并非是天帝老爷和王母娘娘不讲理，而是因为这个穷小子不争气。这个故事中的"营室"，也是星名，即二十八宿中的室宿，在夜空中，室宿离牵牛星很近，故事中的牛郎被天帝"驱在营室"之说当缘此而来。

还有一种说法则是将牛郎织女夫妻分离的原因归咎于织女的懒惰。南朝梁时人殷芸在其所撰《小说》一书中就记录了下面这样一个故事：

> 天河之东有织女，天帝之子也。年年机杼劳役，织成云锦天衣，容貌不暇整。帝怜其独处，许嫁河西牵牛郎。嫁后，遂废织纴。天帝怒，责令归河东，但使一年一度相会。（殷芸《小说》已佚，此据【明】冯应京《月令广义》所引）

住在银河东岸的织女原本是一个勤奋的姑娘，因为一年到头忙着给天宫纺织云锦天衣，头也顾不上梳，妆也顾不上化，年龄不小了还没嫁人，天帝可怜她，就把她许给了住在银河西面的牵牛郎。谁知这丫头出嫁后，一天到晚只知跟情郎耳鬓厮磨，缠绵厮混，丝也顾不上纺，锦也顾不上织。天帝见状，很是生气，命她离开牛郎，回到河东，今后只准许他们一年相会一次。宋代诗人张耒有《七夕歌》，就是根据这个故事敷衍成篇：

> 人间一叶梧桐飘，蓐收行秋回斗杓。
> 神官召集役灵鹊，直渡天河云作桥。
> 桥东美人天帝子，机杼年年劳玉指。
> 织成云雾紫绡衣，辛苦无欢容不理。
> 帝怜独居无与娱，河西嫁得牵牛夫。
> 自从嫁后废织纴，绿鬓云鬟朝暮梳。
> 贪欢不归天帝怒，谪归却踏来时路。
> 但令一岁一相逢，七月七日河边渡。
> ……

这两种说法，把牛郎织女的不幸说成是他们咎由自取，却替作威作福的强权者天帝开脱，自然不会得到老百姓的认同，因此后来也就没有广泛流行开来。

【明】朱名世《新刻全
像牛郎织女传》插图

2. 天河浮槎：古老的时空穿梭机

千百年来，由牛郎织女会天河这一母题衍生出来的故事，当有很多，但这些故事大都湮灭于岁月的长河中了，只有那些清新可喜、别具意趣的，才有幸被文人付诸笔墨，得以流传。晋代文人张华在其《博物志》一书中就记录了一个"天河浮槎"的故事：

> 旧说云天河与海通。近世有人居海渚者，年年八月有浮槎去来，不失期，人有奇志，立飞阁于槎上，多赍粮，乘槎而去。十余日中，犹观星月日辰，自后茫茫忽忽，亦不觉昼夜。去十余日，奄至一处，有城郭状，屋舍甚严。遥望宫中多织妇，见一丈夫牵牛渚次饮之。牵牛人乃惊问曰："何由至此？"此人具说来意，并问此是何处，答曰："君还至蜀郡，访严君平则知之。"竟不上岸，因还如期。后至蜀，问君平，曰："某年月日有客星犯牵牛宿。"计年月，正是此人到天河时也。

登筏浮海，随风飘荡，居然身不由己地穿越时空，泊舟天河，与绩布天宫的织女和牵牛饮河的牛郎不期而遇。这古人的木筏，可比科幻电影中的时空穿梭机管用多了。如此海阔天空的故事，也只有神思飞扬的魏晋时人才能想得出来。到了南朝梁时人宗懔的《荆楚岁时记》里面，故事中的穿越者变成了汉代的伟大旅行家张骞：

> 汉武帝令张骞使大夏，寻河源。乘槎经月而至一处，见城郭如官府。室内有一女织，又见一丈夫牵牛饮河。骞问曰："此是何处？"答曰："可问严君平。"织女取楮机石与骞而还。后至蜀问君平，君平曰："某年月日，客星犯牛女。"所得楮机石，为东方朔所识。（【宋】陈元靓《岁时广记》卷二十七引）

张骞越葱岭，穷河源，浪迹西域十余年，是他那个时候走得最远的中国人，说起来，穿越时空，问津银河，也只有这位冒险家堪当大任吧。"更将织女支机石，还访成都卖卜人。"（宋之问《明河篇》）张骞漫游太空回来后，携带着织女支机石去四川请教神算子严遵，这块著名的石头就留在成都。据说，宋代的时候，这块著名的石头就收藏于严遵曾经修道的严真观（《岁时广记》卷二十七引《艺苑雌黄》）。至今，你去成都，仍不难寻访到这块张骞当年带回来的身世非凡的石头。成都青羊区有条著名的老街叫宽巷子，宽巷子北边、紧邻的就是支矶石街，支矶石街本来叫支机石街，在清代则叫君平胡同，据说就是严君平当年开肆卖卜之所在，张骞送给严老道的织女支机石，千百年来，就安放在这条街的巷口，如今，在这里，仍立着一块名叫支机石的石头。不过，如今你在这里看到的，只是一个哄骗旅游者的仿冒品，真正的支机石，那块珍贵的石头，早就被搬到了青羊宫附近的公园内，用栅栏围了起来。这件天琴座的仙女送给地球人的礼物，也许隐藏着可以打开宇宙时空隧道的密码吧，说不定，当年那位在成都街头打卦算命的道士严君平就是经过这扇宇宙暗门而白日升仙了呢。

东海数度桑田，世上已无神仙，只有牛郎织女的故事，还一如既往，在尘世儿女的心中潜滋暗长，白云苍狗，与时变幻。但不管故事怎么变，这个故事的核心，即牛郎织女七夕会天河，是永远不会变的。所有有关牛郎织女的故事，都是围绕着这个核心而滋生蔓延。其实，这个故事原本就旨在解释七夕节的来历。民俗学对于这种旨在说明某种风俗的来历或成因的故事，有一个特殊的命名，称之为释源故事，例如将寒食节的来历归因于介子推因为隐居而被焚死的故事，将端午节的起因归因于屈原在五月初五这一天自沉汨罗的故事，都属此类。这个故事把七夕的来历跟牛郎织女这两颗天上的星星联系起来，也就启发我们，应该从这两颗星入手，探究牛女故事和七夕风俗的来历。

三、星空中的牛女故事

1. 天琴座的纺织娘

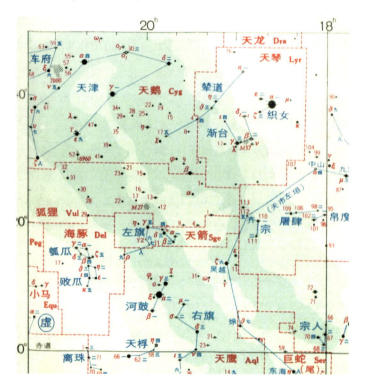

银河边的织女星（图中右上角）

图源《中国大百科全书·天文学》，中国大百科全书出版社 1980 年版，彩图第 47 页（局部）

让我们从织女星谈起吧。

织女星，在西方星座体系中属于天琴座，是天琴座的主星。目前，它的位置是赤经 18h 36m 56.3s，赤纬 +38°47′01″，视星等为 0.03，是北方夜空中能看到的最亮的一颗恒星，在整个夜空中它也是排名第五的亮星。

由于织女星的赤纬将近 +39°（北京约在北纬 40°），正对应北方中纬度地区的天顶位置，因此，在北方中纬度地区，包括华夏民族的发祥地黄河中下游地区，在一年当中很长一段时间内的夜晚，在特定的时刻，织女星正好高悬天顶，抬头望去，它恰好端端正正地在人们的头顶，散发着迷人的清辉。

正因为织女星不仅璀璨夺目，而且高悬天顶，地位显赫，因此这颗星自古以来就引起世界各民族的关注，成为浩瀚夜空中举世瞩目的一颗明星。各个古老民族都根据织女星在夜空中独特的地位，加上自己对这颗星星的理解，赋予这颗星意味深长的名字。

古代美索不达米亚地区的天文知识发达，在泥板文书中，织女星很早就见记载了。亚述人称织女星为 Dayan-same，意为"天堂判官"，阿卡德人则称之为 Tir-anna，意为"天堂之魂"，"天堂判官"或"天堂之魂"的名字，暗示了在两河流域的先民心目中，织女星高踞天顶、至高无上的地位，这个名字的来历，或许正与此星高踞天顶有关。巴比伦天文学家则将织女星称为 Dilgan，意为"光的信使"，自然是因为它非凡的光彩。在古代波斯拜火教经典中，织女星又被称为 Vanant，意为征服者，也反映了这颗星在天空中居高临下、君临众星的地位。

织女星在欧洲天文学中被称之为 Vega，但这个名字并非欧洲人的发明，这个词最早写作 Wega，而 Wega 一名则源自阿拉伯语的 wāqi，这个词又源于 an-nasr al-wāqi，直译为"降落的鹰鹫"。在古埃及和古印度，织女星都被想象和描绘成一只雄鹰或秃鹫的形象，可见阿拉伯人对于织女星的命名还是受到了古代印度或埃及的影响——凶悍的鹰鹫是蓝天中的傲视众鸟的王者，鹰击长空，凡禽畏服，因此，鹰鹫在很多民族中都被视为王权威严的象征，直到现在，西方很多国家的国徽和王族的族徽仍采用鹰鹫的形象，就是明证。古代埃及、印度和阿拉伯的天文学家将织女星想象和命名为鹰鹫，大概是意味着居高临下、傲视群星的织女星，就如同一位高踞王座、俯瞰大地、明辨人间善恶、掌控众生祸福的天上王者。

在古希腊，织女星属于天琴座，古希腊神话中把它说成是俄耳甫斯的七弦琴，在现代西方星图中，这个星座就被描绘成七弦琴的形象，而织女星正好处于琴柄的位置。但在古希腊更古老的星图中，这个星座却被描绘成一只秃鹰的形象，透露出与阿拉伯天文学之间的渊源。其实，在古希腊神话中，关于织女星的来历，原本还有另一个版本，称织女星座是被好汉赫拉克勒斯杀死的斯廷法利斯湖怪鸟所变。把织女星想象为一只天上的巨鸟，这意象显然也是受了东方民族的影响。

华夏民族的先民也从很早的时候就开始对织女星的观察了，并根据它在夜空的位置和姿态判断季节和农候。载于《大戴礼记》中的《夏小正》，是一篇甚为古老的华夏岁时文献，其中按照一年十二月的顺序，分别记载了每个月份的物候、天象、节庆和农事。书名《夏小正》，因为古人相信此书出自夏代，夏代那时候大概还没有文字，当然也不可能有这样一篇文完意足的文章传世，但没有文字，却并不妨碍夏代的农时知识可能凭借口耳相传而流传后世。据天文学家根据岁差原理推算和考证，其中所记录的天象可以追溯到夏代到西周这一漫长的历史时期，可见此书渊源之邈远。《夏小正》中就两度提到织女星：一是在七月，"初昏，织女正东乡"，意思是说，在七月的黄昏，看到织女三星中由两颗小星形成的开口朝向东方；二是在十月，"织女正北乡，则旦"，则是说，到了十月拂晓，看到织女星的两颗小星形成的开口朝向北方。春秋代序，群星流转，织女三星在夜空中的方位和姿态也不断变换，古人注意到这一点，就根据织女三星开口方向的改变，判断月份和时节。

《夏小正》说："七月……初昏，织女正东乡。"说的正是七月的织女星象，因此，这一条记载值得我们再三致意。

在七月这条关于织女星的记载的上文，《夏小正》还提到银河，即"汉案户"，注云："汉也者，河也。案户也者，直户也，言正南北也。""汉"即银河，所谓"汉案户"，意思是说，每年到了七月，银河在夜空中呈南北走向，恰好正对着朝南开的门户。天上的银河逶迤流泻，和漫天繁星一样，随着星空而运转，在一年的不同季节，银河的走向也不相同，因此古人可以根据银河的走向判断时节，当看到银河从南到北横贯头顶的夜空时，古人就知道是初秋七月了。此时的黄昏时分，走出房门，抬头望去，但见银河耿耿，星汉灿烂，一条光华灿烂、白波茫茫的天上大河，悄然无声地从头顶上流过，流向南方苍茫的夜空。唐人张环在其名篇《秋河赋》中向我们展现的就是这幅壮丽的秋河景观："倬彼昭回，凿天而开，含秋耿耿，积曙皑皑。水清浅而不落，光逶迤而屡回，非碧海之分上，即黄河之转来。万里直绳，九霄横带，奕奕高影，汤汤连濑，透垂帘于户前，飞瀑布于云外……"

"七月……初昏，织女正东乡"，说的是七月黄昏时分织女星升上中天的星象——由于地球自转的缘故，从黄昏到拂晓，星星在夜空中也不断改变自己的位置，随时辰而西流，因此，根据星星的位置判断时节，必须首先确定是在什么时分、从什么方位观察星星。华夏先民习惯于观察昏、旦中星，即在每日的黄昏或拂晓时分观察出现于正南方（亦即子午线，北方为子，南方为午）上的星星，据以判断时节，这一点很早就成为中国古代天文学的惯例。了解了这一点，则可以知道，《夏小正》七月所说的织女星，是正处于子午线附近的织女星。由于织女星位于北方夜空的中纬度天区，因此，织女星东升西落的运行轨迹与子午线的交点正好位于中原地区的正上方，也就是说，七月黄昏升上中天的织女星，恰好处于天顶——当《夏小正》时代的华夏先民，每到七月的黄昏，仰首观望，只见银河西畔，正当天顶的位置，明星高悬，光彩熠熠，在满天繁星中格外引人注目。这种美丽的星象肯定很早就给华夏先民留下了深刻的印象，因此，他们就用这一天象作为七月的标志，并将之郑重其事地记载于《夏小正》之中。

古代巴比伦、印度和埃及的天文学家，因为织女星高翔天顶且光华绝代，极具王者风范，因此赋予它一个蕴含雄性意味的名号，将之命名为"天堂判官""天堂之魂"或"雄踞之鹰"，可谓实至名归。四大古老文明中，唯有古代华夏先民独具一副温软心肠，将这颗星想象为一个婉约的女子，并且将之命名为织女，在这种别具风情的命名背后，又有何意味深长的隐情呢？

2. 星星如何成织女?

宇宙洪荒,星野浩瀚,满天繁星本自无名,星名皆人所命。命名缘于意义,人们对于事物的命名,基于这个事物对于人所具有的意义,而邈邈群星对于人间的意义,主要在于其授时功能。星回于天,四时代序,群星的流转昭示了时间的流逝和光阴的轮回,标志了节序的转换和农事的早晚,因此,星象对于古人的意义,主要在于其标识时间的功能。《易传》说"观乎天文,以察时变",说的就是这个意思,希伯来圣经开篇《创世记》说,上帝开天辟地之后,就在天上布置群星,作为划分岁月时日的标志:"神说:天上要有光体,可以分昼夜,作记号,定节令、日子、年岁,并要发光在天空,普照地上。"可见希伯来人也主要是从时间的角度认识星空的。名缘乎义,古人既然从时间的角度理解星象的意义,因此也就必然从时间的角度给星象命名。明白了这个道理,我们就应该从织女星与时序的关系入手,探究织女星得名的缘由。

《夏小正》在七月提到织女星象,将之作为七月来临的标志,就已经透露了织女得名的奥秘。

七月,时属孟秋,处夏秋之交,其时暑热渐退,秋气乍起,天气开始转凉,此时,秋收季节尚未开始,但女人们则要开始忙碌了,她们要纺线织布,为即将来临的肃秋和寒冬准备寒衣。

《四民月令》是东汉人崔寔所著的一本专记四时农桑耕织的农家行事历，书中提到，七月要制作新衣以备寒气："七月……处暑中，向秋节，浣故制新，作袷薄，以备秋凉。"《诗经·豳风·七月》开篇就唱道："七月流火，九月授衣。一之日觱发，二之日栗烈。无衣无褐，何以卒岁？"意思是说，初秋七月，大火星（天蝎座 α）向西坠落，九月要裁制寒衣，十一月寒风呼啸，十二月寒气凛冽，如果没有棉衣，寒冷的冬天该怎么过？九月裁衣，则须八月织布，因此，七月就该是纺织娘飞梭织布的时候了。《七月》通篇所吟唱，皆与时序有关，其实就是西周时期流传于豳地民间的一首农时歌谣，其中所提到的一些物候、天象、农事、节庆活动，有很多可以与《夏小正》的记载互参。这首诗起首就以"七月流火"起兴，并一咏三叹，一、二、三章皆以"七月流火"引出，说明这首诗可能就是在孟秋时节大火星西流之际唱的，而歌者可能就是七月夜绩的纺织娘。"悲哉秋之为气也！萧瑟兮草木摇落而变衰"（《楚辞·九辩》），秋天万物凋零，令人感伤，纺织娘目睹大火西流，伤感之情油然而生，于是即景兴歌，唱出了"七月流火，九月授衣"的歌调。遥想古时，每到七月，黄昏时分，天上，织女星星光璀璨，地上，纺织娘浅唱低吟，天上人间，相映成趣，那颗照耀人间纺织娘劳作的明星，因此被命名为织女，成为织女的守护神，不是顺理成章吗？也就是说，正因为这颗星在黄昏时分高悬夜空的景象，被古人作为七月到来的标志，而七月又是纺织娘昼夜劳绩的月份，所以这颗星就被华夏先民命名为织女。

札扎弄机杼的织女（山东长清县孝堂山东汉郭氏墓石祠画像石）

华夏先民将这颗星星命名为织女，较之古代埃及、印度、巴比伦的先民为之赋予的"天堂判官""天堂之魂""雄踞之鹰"之类威猛的名号，更具人间气息和世俗情怀。那颗高高在上、遥不可及的明星，就因为被称为织女，一下子被从天上拉到尘世，成为一个有血有肉、有情有义的人间女子，成为那些温婉可亲、且歌且织的纺织娘中的一员，因此，这个名字才被华夏民族铭记不忘，流传至今，也正因此，这颗星才能化身成仙女，降临人间，经历了一番悲欢离合的人间故事，感动了一代又一代的华夏儿女。

古人不仅通过星象认识时序，他们也凭借草木的花开花落、野兽的伏蛰动静、候鸟的来去、昆虫的鸣唱等物候现象了解时令，因此，有些动物或植物也就被根据其与时序的关系而命名，比如说，蟋蟀这种昆虫，又称促织，就与它在纺织季节到来的七月夜晚开始鸣唱有关，因此，促织的得名，可以作为织女星的命名与七月之关系的旁证。《诗经·豳风·七月》诗中就提到蟋蟀："七月在野，八月在宇，九月在户，十月蟋蟀，入我床下。"蟋蟀夏天隐藏在草丛中，听不到它的声息，人们也忽视了它的存在，但是，一入秋天，这小小的生灵就开始了宛如天籁的鸣唱，而且随着天气日益肃杀，它们为了寻找避寒过冬的地方，渐渐靠近人的居室。"七月在野"，七月开始在田野中远远地自在放歌；"八月在宇"，八月已经来到窗外屋檐下轻吟夜曲；"九月在户"，九月则登堂入室，进入人家的室内殷勤弦歌了；"十月蟋蟀，入我床下"，十月，严冬即将来临，蟋蟀已经在温暖的床下安顿好准备过冬了。这些善歌的草虫从七月纺织季节开始，就陪伴着夜绩的纺织娘一起浅唱低吟，因此，它们就获得了促织或纺织娘的雅号。汉代纬书《春秋考异邮》称："立秋趣织鸣，女功急趣之。"《易纬通卦验》称："蟋蟀之虫，随阴迎阳，居壁向外，趣妇女织绩，女工之象。"就道出了促织得名的缘由。"促织鸣，懒妇惊"，诸如此类的俗谚，至今还流传民间。织女当空，促织夜鸣，皆为七月来临的标志，由促织之得名于女工之始，也足以佐证织女星之得名

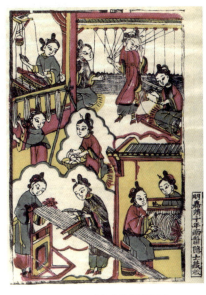

《女十忙》（年画）

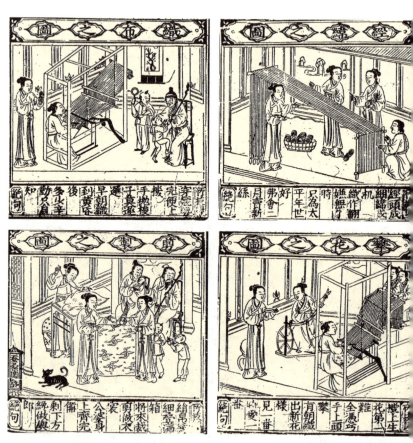

跂彼织女，终日七襄（明刻本《耕织图》）

于织绩之期。

七夕是七月的节日，七月是女性开始纺绩之月。七夕的主要活动是乞巧，而乞巧的主角是女性，乞巧的对象则是织女星。织女星在七月升上天顶，因此被作为七月到来的标志，并因此被命名为织女星——说到这里，七夕与织女之间的关系、七夕乞巧的风俗乃至整个七夕节日的来历，不是呼之欲出了吗？

3. 天鹰座的牵牛郎

以上所论，似乎一切都跟牵牛无关，织女为七月之星，七月为纺绩之期，织女因此而得名为织女，七月女子陈设针线，向织女乞巧，也都是女子的事体，所有这一切都与牵牛这个须眉男子没一点关系，那么，织女和牵牛的一场悲欢姻缘又是因何而起？织女和牵牛会天河的故事又是因何与七夕难分难解地交织在一起？现在，我们该暂且撇开织女，回过头来关心一下被冷落的牵牛郎了。

牵牛星，即西方天文学中天鹰座 α（Altair，源于阿拉伯语的 Al nasr-l'tair，意为"飞翔的大鹫"），目前，其在夜空中的位置为赤经 19h 50m 47s，赤纬 +08° 52′ 06″，视星等 0.77。牵牛星也非常明亮，是夜空中排名第十二的明亮恒星。每到夏日，牵牛星高悬天顶，散发着明亮而皎洁的光华，它跟织女星、天

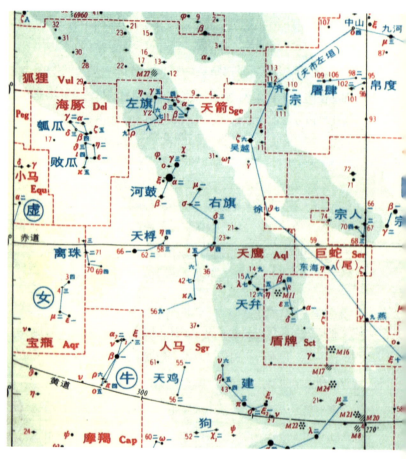

图中，银河边的河鼓即牵牛星，而河鼓下面的牛宿则为二十八宿的牵牛

图源《中国大百科全书·天文学》，彩图第47页（局部）

津四（天鹅座 α）组成璀璨夺目的"夏季大三角"，辉映夜空，十分引人注目，必定很早就引起了古人的关注。

《夏小正》里两度提到织女，但没有提到牵牛，但《夏小正》未言及牵牛，并不意味着那个时候的华夏先民不知道牵牛，因为牵牛和织女的关系太密切了，在天顶的夜空，牵牛的亮度仅次于织女，而且它和织女仅有盈盈一水之隔，银河清且浅，织女处河西，牵牛处河东。《夏小正》时代的人们，在仰首瞩望织女星之时，牵牛星肯定会同时映入他们的视野。其实，织女星已经给人们指出了牵牛所在方向："七月……初昏，织女正东乡。"顺着织女的视线向东看去，在她的东南方不远处，就是那令她朝思暮想的牵牛郎。所以，《夏小正》中的这一记载，或许正暗示了牵牛的所在以及织女和牵牛的关系。

这当然只是猜测，但是，在和《夏小正》同属西周时期的另一篇文献中，牵牛和织女实实在在地同时出场了。《诗经·小雅·大东》是一首行役之人的哀歌。西周时，一个男子被派往东方服役，披星戴月，夜行旷野，他举目四望，星河低垂，众星历历，在诗的最后三章，他如数家珍般地一口气报出了七个星辰的名字：

　　　　或以其酒，不以其浆。鞙鞙佩璲，不以其长。维天有汉，鉴亦有光。跂彼织女，终日七襄。

虽则七襄，不成报章。睆彼牵牛，不以服箱。东有启明，西有长庚。有捄天毕，载施之行。

维南有箕，不可以簸扬。维北有斗，不可以挹酒浆。维南有箕，载翕其舌。维北有斗，西柄之揭。

诗中的汉即银河，而织女、牵牛、启明、长庚、毕、箕和斗都是星名。诗的作者常年劳役在外，风餐露宿，颠沛流离，眼见贵族们终日游手好闲，却安享富贵，锦衣玉食，禁不住触景生情，托物抒忿，指责尸位素餐的贵族就像天上的星星一样，空有其名，却无所事事，中看不中用：银河虽然明静如水，却不可以用来作镜鉴；织女尽管终日奔忙，却没见她织成一匹布；牵牛尽管亮闪闪，却不能用来拉车……箕宿徒有其形，却不能用来簸扬；北斗星虽如斗勺之状，却不能用来酌酒浆——诗中抱怨织女"不成报章"，又怪罪牵牛"不以服箱"，虽含讥嘲，但却表明，在诗人的心目中，已经将织女想象为一个夜绩的女子，将牵牛想象为一头引车的牛，也隐隐流露出其背后牵牛驾车之人的身影，这些诗句足以说明，在西周时世人的心目中，织女和牵牛其实已非徒有其名，而是被赋予了人格。诗人将织女和牵牛并举，数落完织女，接着就数落牵牛，也隐隐暗示两者并非互不相干的鳏夫与处子，而已经是脉脉相望的汉滨情侣了。可以想见，在这首诗被形诸歌咏的年代，与牛郎织女相关的故事可能已经在民间口耳相传了。要知道，民众对于男女之事永远有着不竭的好奇心和丰富的想象力，他们年复一年、夜复一夜地眼见着牵牛和织女这一对天上的俊男靓女隔着清浅的银汉暗送秋波，肯定免不了要给他们演绎一些风花雪月的故事。

这首西周时期的哀歌，其实已经为《古诗十九首》中那首题为《迢迢牵牛星》的艳歌埋下了伏笔。如上所述，在这首诗出现的东汉时期，牛郎织女一年一度会天河的故事早已经广为流传，但是，这首诗除了说牛郎织女脉脉相望之外，并未铺叙他们的故事，这是因为故事流传民间，妇孺皆知，而诗人只是借景抒情，借题发挥，因此对于故事本身只需点到为止，不必多费口舌。对于《大东》诗，也应作如是观。并且，东汉诗中"终日不成章"一语，显然就是化用西周诗中"虽则七襄，不成报章"的句子，由两首诗的一脉相承，也足以暗示汉代的牛郎织女故事是遥承西周而来的——民间传统以及民间故事是一条源源不断的暗流，能够穿越悠长的时空而久久流传，文人的歌赋，则只是荡漾在这条巨大暗流表面上的一掬耀眼的浪花而已。明白了这个道理，则可以推断，至迟在《大东》的时代，牛郎织女的故事或许已经初具雏形了。

天上牵牛郎（南阳东汉画像石）

4. 两个牵牛争名分

织女星因为在七月中天，因此被作为七月的时令标志并被命名为织女，那么，牵牛星之引起古人的关注并被命名为牵牛，又是出于何种机缘呢？个中缘由，同样存乎牵牛星与时序的关系之中。

牵牛之名，未见于《夏小正》这篇最早的时令文献之中，却出现于另一篇重要的华夏时序之书《礼记·月令》之中，即"仲秋之月，日在角，昏牵牛中，旦觜觿中"。

《月令》之牵牛，为仲秋八月的昏中星。古人观象授时，习惯于根据在拂晓或黄昏时见于正南方的星宿判断时节。因此，古代时宪书中照例都有每个月昏、旦中星的记载。与《夏小正》只有几个月提到当月的昏、旦中星相比，《月令》在每个月的开始，都无一例外地记载了这个月的昏、旦中星，所谓"仲秋之月，日在角，昏牵牛中，旦觜觿中"，意谓仲秋八月，太阳运行到东方的角宿，黄昏的时候，牵牛宿出现在南方，拂晓的时候，觜觿（即西方白虎七宿中紧邻参宿的觜宿）出现于南方。

然而，此牵牛却非彼牵牛，《月令》所谓的牵牛并非银河东畔与织女隔河相望的牵牛郎，而是二十八宿中的牛宿。

中国古代天文学家为了观察的方便，在靠近日月运行轨迹的天穹赤道附近，围绕周天找出二十八组星，分别给它们起上名字，测定方位度数，用来作为观察日、月和行星运行的坐标，这就是所谓二十八星宿。天文学家根据日、月运行相对于某个星宿的位置，就可以准确地测定其所处的度数，并据以确定季节、月、日、时辰，制定准确的历法，而占星家根据五大行星相对于某个星宿的位置，则可以占断吉凶，这二十八星宿就是中国传统天文学的恒星坐标系统，其作用相当于西方天文学的十二星宫。二十八宿，四方各七，东方苍龙七宿，角、亢、氐、房、心、尾、箕；北方玄武七宿，斗、牛、女、虚、危、室、壁；西方白虎七宿，奎、娄、胃、昴、毕、觜、参；南方朱鸟七宿，井、鬼、柳、星、张、翼、轸。《月令》仲秋八月提到的牵牛就是北方七宿中的牛宿，它跟银河边与织女星隔河相望的牵牛星并非一回事。

同一片天空上，为什么会出现两颗叫牵牛的星星呢？而且，北方七宿的牵牛与银河边守望爱情的牵牛，近在咫尺。古人如此乱点星官，难道不怕织女认错情郎上错轿吗？

这倒不必替古人操心。银河边的牵牛明亮耀眼，而二十八宿中的牛宿则要暗淡得多，与织女的情郎相比，毫不起眼。更重要的是，银河边的牵牛还有一个别名，叫河鼓，足以让仰观天象的人们，也让织女，不会把它跟那个不起眼的冒牌货混淆。《尔雅·释天》说"河鼓谓之牵牛"，就是说，牵牛又名河鼓，这是银河边的牵牛。《史记·天官书》说："牵牛为牺牲，其北河鼓。"则明确将牵牛和河鼓区别开来，其所谓牵牛，指二十八宿的牛宿，其所谓河鼓，才是织女的情郎、银河边的牵牛。

那么，牵牛其星何以一星而二名，既名牵牛，又名河鼓？牵牛其名又何以一名而二星，既指织女的情郎，又指北方的星宿呢？这实在是一个令人困惑的问题，曾成为中国天文学史上一个众说纷纭的公案。尽管各家公说公有理，婆说婆有理，但有一点是毋庸置疑的，即银河边的牵牛才是最早的、真正的牵牛，而二十八宿的牵牛是后来的冒名顶替者。银河边那位让织女脉脉顾望的牵牛，才是上古先民众所瞩目的牵牛，而二十八宿的牵牛亮度很低，与银河边那个光彩照人的牵牛相比，黯然失色，根本不会引起先民的关注，也不会得到织女的青睐。上古先民根据星象判断节序，为了方便观察起见，他们所选择的肯定是那些明亮的、易于辨认的星星，而不会选一颗渺小的、不起眼的暗星。牵牛南边的那颗小星，之所以后来居上，冒名顶替了牵牛的名头，只是由于随着天文学的发展，后来的天文学家为了建立一个完善的靠近赤道、环绕周天的星宿坐标，因见原先的牵牛星的位置比较靠北，远离天球赤道，才不得不在它的南边，找到另一组星，作为星宿坐标，并张冠李戴地把"牵牛"的帽子戴到了新贵头上。为了区别，原先的牵牛就不得不改名"河鼓"了。

上文我们曾提到，隋人杜公瞻在《荆楚岁时记》的注中，记录了道书上的一个故事，这个故事的来历，可能就跟两个牵牛的这番名号纠葛有关。"牵牛星，荆州呼为河鼓，主关梁，织女则主瓜果。尝见道书云：'牵牛娶织女，借天帝二万钱下礼，久不还，被驱在营室中。'河鼓、黄姑，牵牛也，皆语之转。"杜公瞻是在解释牵牛何以又名河鼓的上下文中提到这个故事的，他说：牵牛星，荆州人称之为河鼓，又因为音近的关系，被称为黄姑，河鼓、黄姑，都指牵牛。故事中说，牵牛因为借钱不还，被天帝赶到了营室。营室是北方七宿之一，营室之所以叫营室，则是因为它是十月之星，在十月黄昏上中天，而十月正当秋冬之交，农事完毕，大地未冻，寒冬未至，正是盖房起屋从事土木施工的最佳时节，所以古人就把这组星称为"营室"，营室者，营造宫室之谓也。《国语·周语》引夏之《时儆》说"营室之中，土功其始"，即谓此意。《诗经·墉风·定之方中》说："定之方中，作于楚宫。""定"，就是营室宿，黄昏之际，营室升上南方的夜空，就要开始建造楚宫了。朱熹注说得很明白："定，北方之宿，营室星也，此星昏而正中，夏正十月也。于是时可以营制宫室，故谓之营室。""营室"，又可以泛指北方玄武七宿，《周礼·考工记》："龟蛇四游，以象营室。"意思是说，天子的旗帜上绣着龟蛇的星象象征营室。龟蛇，即龟、蛇交缠之象，亦即所谓玄武。可见，《周礼》此文所谓营室，就是通指整个北方玄武七宿。牵牛本来是银河边那颗星的名字，与织女隔河相望，但后来牵牛变成了北方一个星宿的名字，成了北方七宿的一员，杜公瞻讲的故事中所谓牵牛"被驱在营室中"，说的大概就是此事。这个故事，大概就是古人编来解释牵牛改名河鼓以及相邻的夜空中有两个牵牛这一令人困惑的现象的。

5. 星星为何叫牵牛?

那么，牵牛的名字究竟有何来历呢?《史记·天官书》说"牵牛为牺牲"，这一说法为我们透露出牵牛得名的缘由。

《天官书》的记载表明，在古人看来，牵牛象征牺牲，牺牲指诸如牛、羊之类在祭典上被宰杀献神的牲畜。《天官书》所谓牵牛，自是二十八宿中的牵牛，但如上所述，这个牵牛的名字原本属于银河边的牵牛，也就是说，银河边的牵牛就是取义于牺牲。古人以星纪时，那么，牵牛之取义于牺牲，跟时序有何关系呢？

　　古人在恭行祭祀之时，都要向鬼神祖先奉献牛羊玉帛作为牺牲，以博得神明的眷顾和赐福。牛、羊等牺牲是人间与神明沟通的媒介，因此，古人对于用作牺牲的牲畜的饲养、挑选、宰杀、祭献极为郑重其事。养育之时惟慎惟戒，细心呵护，朝廷设有专门机构负责牺牲的饲养，《周礼·地官司徒》云："牧人掌牧六牲而阜蕃其物，以共祭祀之牲牷。"同书的"牛人"条云："掌养国之公牛，以待国之政令。凡祭祀，共其享牛、求牛，以授职人而刍之。"牧人、牛人就是专门给天子饲养用作牺牲的牛羊六畜的官职。《礼记·祭义》称："古者天子、诸侯必有养兽之官，及岁时，斋戒沐浴而躬朝之。牺牷祭牲，必于是取之，敬之至也。君召牛，纳而视之，择其毛而卜之。吉，然后养之。君皮弁素积，朔月、月半，君巡牲，所以致力，孝之至也。"也说天子、诸侯有专门负责饲养牺牲的养兽之官，供作牺牲的牛犊须经君王亲自挑选，每月的月初、月半君王还要亲自巡视牲厩，检查牲畜的养育情况，足见其事之郑重。

牲畜的生长需要一定的周期，在古代，朝廷一年中的不同时节，针对养作牺牲的牲畜，都要举行相应的活动，对此，《礼记·月令》的各个月份中都有明确记载。

春天，万物发生，也正是牲畜孳乳繁育的时候，因此每到暮春三月，需要统计幼畜的数目，"牺牲驹犊，举书其数"。

季夏六月，夏秋之交，草木丰茂，刍秣收蓄，故"命四监大合百县之秩刍，以养牺牲"，命令负责饲养牺牲的官员在举国上下收敛牧草，作为牲畜食用的饲料。

仲秋八月，万物成熟，也是牲畜膘肥毛丰、崭露头角的时候，因此天子"乃命宰祝，循行牺牲，视全具，案刍豢，瞻肥瘠，察物色。必比类，量大小，视长短，皆中度。五者备当，上帝其飨"，天子指派负责献祭的宰祝检视牲畜，挑选出种类、肥瘦、毛色、大小、长短皆合规中度的牲畜，准备用为牺牲。古人对于各种祭祀所用牺牲的种类、大小、毛色等各方面都有明文规定，《礼记·王制》说："祭天地之牛，角茧栗；宗庙之牛，角握；宾客之牛，角尺。"祭天地，用刚生角的牛犊，祭宗庙，用角刚盈掌的小牛，至于角长到一尺的成牛，肉老皮厚，非神所飨，则只能宰了用来宴请宾客了。

暮秋九月，万物收获，也是牲畜骨健肉丰、体格长成的时候了，因此，"牺牲告备于天子"，有司上报天子，用作牺牲的牲畜皆已养育齐备，但等祭祀大典来临之时供作献祭了。

到了腊月岁末，一年一度的年终庆典和祭天大礼即将举行，于是，天子"乃命太史，次诸侯之列，赋之牺牲，以共皇天上帝、社稷之飨"。天子将养育就绪的牲畜，按照等级赐予诸侯，用以祭天祀地，供奉给天神地祇，以祈求神明的呵护，保佑社稷安宁、天下太平。

综上可见，牺牲的饲养与祭献，自春至冬，以一年为期，恰与四季时序相终始，因此，牺牲的养育环节也就具有了时序的含义。《月令》十二个月中，于八月对牺牲的记载最为详细郑重，说明八月是牺牲养育周期中的一个重要时间点，也就是说，在古人看来，"巡视牺牲"，是仲秋八月最重要的时令活动之一，所以，将八月视为巡牲之月，并据巡牲活动命名作为八月时序标志的昏中星，自然也就是顺理成章的了，于是，这个月的昏中星就被命名为牵牛星了，就有了《月令》所谓"仲秋之月，日在角，昏牵牛中"，牵牛之得名的缘由，不过如此。

不过，《月令》所谓牵牛，是二十八宿之牛宿，而非银河边的牵牛，但银河边的牵牛在牛宿之北，两者经度相近，也就是说，当牛宿在八月的黄昏出现于南方中天的时候，它上方（北方）的牵牛，也升上了中天。可以想见，在更早的时候，古人是用银河边牵牛的上中天作为八月巡牲之期的标志的，并因此将这颗星命名为牵牛。

6. 牛郎擂战鼓，穷小子成大将

银河边的牵牛，后来改名河鼓，那么，"河鼓"一名，又有何来历呢？其实，打开中国星图，纵览整个星罗棋布的夜空，"河鼓"之名的来历，就可以一目了然。

中国古代天文学家，为了便于观察星象、记忆星名，将满天繁星，根据地上的朝廷官府和民生物事，一一命名，形成了一套别具一格的星星命名系统，并称之为"天官"，《史记·天官书》就系统地记录了这一天官命名系统。为了便于识别，传统天文学还根据地上都城的格局，将整个北方可见的星空，划分为三个天区，即所谓"三垣"：北极星周围的北方星区，因为位于天穹的中央，相当于地上皇宫所在的位置，为天子禁宫，因此被命名为"紫微垣"。"紫微垣"的外围，皇宫的前方，左边的天区，称为"太微垣"，右边的天区，称为"天市垣"。"太微垣"相当于地上的朝廷外朝，是天子日常听政理事之所在。"天市垣"相当于地上的市场，是百姓庶民交易买卖之场所。紫微之前，左太微，右天市，正符合地上都城"左朝右市"之格局。

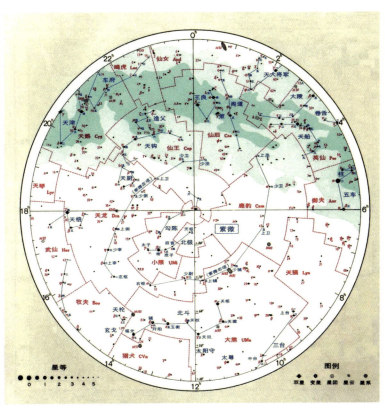

紫微垣：天上的皇宫

图源《中国大百科全书·天文学》，彩图第 43 页

"众星列布……列居错峙，各有所属……在野象物，在朝象官，在人象事。"（张衡《灵宪》）中国传统天文学中的星官系统，就是人间官府制度在天上的倒影。每一颗星星，都依据其在这

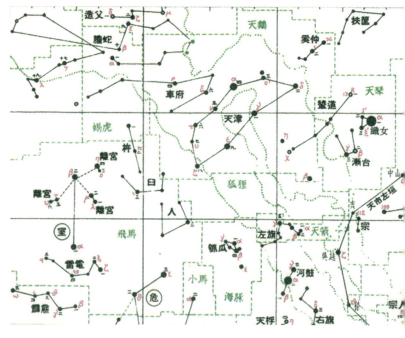

河鼓：把守银河津渡的河关大将（辇道—天津—离宫—河鼓）

图源王力主编《古代汉语》（校订重排本）第四册，中华书局 2018 年版（局部）

一 "天上人间" 中的位置，被赋予相应的名字和意义。

牵牛星之被命名为 "河鼓"，就缘于其在这一星官系统中的位置。环绕北极的紫微垣为天帝禁宫所在，逶迤夜空的银河就像是护卫禁宫的护城河。从紫微垣往南，在织女星附近，有一组一字排开的 "辇道" 星，直抵银河边，这是从紫微垣通向银河的御道。在辇道附近，横跨银河之上，有一组如拱桥状排列的"天津"星,"天津"的下方,靠近室宿,是由六颗星星组成的"离宫","天津"是跨越银河的桥梁或津渡,也是从皇城通往城外"离宫"的通道。在辇道和天津附近的银河边,就是一大两小三颗星星组成的"河鼓"星。"河鼓"位于"辇道"和"天津"附近,扼守紫微垣与外界交通的河津,在古人的想象中,他是一位镇守关梁的将军,《史记·天官书》云:"河鼓大星,上将;左右,左右将。"张守节《史记正义》注云:"河鼓三星,在牵牛北,主军鼓。盖天子三将军:中央大星,大将军;其南,左星,左将军;其北,右星,右将军,所以备关梁而拒难也。"意思是说,河鼓三星中,间的大星是上将,其两边的小星分别为左将军和右将军。天上的将军之所以被称为"河鼓",乃是因为澎湃远扬的鼓声是将军指挥三军的号令,《诗经·邶风·击鼓》所谓"击鼓其镗,踊跃用兵"是也。河鼓的南面,由四颗小星组成"天桴",是将军击鼓发令的鼓槌。河鼓的左、右,有两组星分别叫"左旗"和"右旗",分别象征大将河鼓麾下的左、右两翼大军。河鼓周围众星列布,俨然就是一个壁垒森严的军阵。

牵牛星改名河鼓,摇身一变,从原来的乡下小伙子,变成了号令三军、威风八面的天上将军。不过,普天下老百姓喜欢的还是那个憨头憨脑、有情有义的乡下牵牛郎,因此,"河鼓"之名尽管声名显赫，但是，除了在书中被提到外，从来也没有像牛郎那样，成为民间故事中的主角，被世世代代的人们交口传扬。

至此，织女和牵牛两颗星得名的缘由算是说明白了。古人根据天上的星象判断时序，因此也就从时序出发观照和命名星象，织女之名织女，因为它在七月上中天，而七月是女子开始纺绩之期，因此，织女就被命名为织女；牵牛之名牵牛，因为它在八月上中天，而八月是牺牲巡视之月，因此，牵牛就被命名为牵牛。

四、聚散离合天注定

不仅牵牛、织女两星之得名，而且七夕乞巧节和牛郎织女故事的来历，归根结底都与星象纪时制度有关，都源于牵牛、织女这两颗星与时序的关系。七夕乞巧节和牛郎织女故事之所以自古迄今都密不可分地交织在一起，就是因为它们都源于观象授时这个共同的源头，是由华夏先民源远流长的农桑传统和天文知识所生发出来的两朵并蒂之花。

自古至今，七夕节的主要风俗，就是乞巧。托名汉人刘歆、实为晋人葛洪所撰的《西京杂记》一书记载："汉彩女常以七月七日穿七孔针于开襟楼，俱以习之。"梁人宗懔在《荆楚岁时记》中说："七月七日，为牵牛织女聚会之夜。是夕，人家妇女结彩缕，穿七孔针，或以金银鍮石为针，陈瓜果于庭中以乞巧，有喜子网于瓜上，则以为符应。"可见，七夕乞巧的风俗源远流长，乞巧的主角是女子，用于乞巧的主要物事为针线，即特制的七孔针、彩缕之类，所求之巧则主要是飞针走线、织绣缝纫的女红之巧。七夕乞巧风俗，显然与七月作为纺绩之期密不可分。七月为一年中妇功之始，因此在七夕之夜，陈设银针彩缕，向天而拜，祈求织女赋予自己玲珑的心思、灵巧的手艺，这既是一种郑重其事的祈福仪式，也是一种劳作季节开始前的心理准备。

乞巧的对象是天上的织女，这是因为这颗光彩夺目的明星恰好在七月纺绩之期升上天顶，因此这颗明星就被命名为织女，她在成为七月的标志的同时，也成为纺织技艺的化身，成为人间纺织娘的保护神。人间女儿向她乞巧，希望能像她一样织出美丽的云锦天衣，正是情理之中的事情。

七月，黄昏之际，当织女升上天顶并眷顾人间乞巧女子的时候，牵牛也随之进入了人们的视野，他正挑着担儿，瞩望着"在水一方"的伊人，自昏至晓，"溯洄从之"。但到了仲秋八月，当牵牛终于辛辛苦苦升上中天，他朝思暮想的织女却早已离开天顶，坠向西方，仍是一水相隔，可望而不可即！历夏经秋，牵牛一直紧随织女身后，亦步亦趋，不舍昼夜，怎奈天命难违，这对生死冤家之间永远隔着一段无法渡越的时、空距离。

说到这里，牛郎与织女聚散离合的故事，不是终于眉目清晰了吗？牛郎与织女之所以两情相依依，因为两者仅有一水之隔，近在咫尺；而牛郎与织女之所以嘉会永难期，因为两者之间总有一水之隔，咫尺天涯——"南有乔木，不可休思。汉有游女，不可求思。汉之广矣，不可泳思。江之永矣，不可方思。"《诗经·周南·汉广》中这位行吟汉滨的歌者，望洋兴叹，临水浩歌，他莫非正是天上那位彷徨星汉之际、思美人而不可得的多情牛郎？

天上银河，烟波浩茫，隔河相望的情人，欲渡无舟。据说，为了帮助牛郎织女渡河相会，每年七夕，喜鹊就会飞上天去，在银河上架桥，因此就有了"鹊桥"的说法。"乌鹊桥边河汉流，洗车微雨湿清秋。相逢不似长相忆，一度相逢一度愁。"（南宋周紫芝《鹧鸪天·七夕》）牛郎织女鹊桥相会的故事，大概在汉魏之际就流传了。白居易《六帖》卷九《桥》部和卷九十五《鹊》部均引《淮南子》佚文云："乌鹊填河成桥而渡织女。"唐人韩鄂《岁华纪丽》卷三引《风俗通义》佚文云："织女七夕当渡河，使鹊为桥。"此文宋人陈元靓《岁时广记》则引作《风土记》文,《风土记》为晋人周处所撰。南朝梁时诗人庾肩吾的《七夕》诗中,有"倩语雕陵鹊,填河未可飞"之句,可见,鹊桥相会的故事在南北朝的时候已深入人心了。宋人罗愿《尔雅翼》卷十三云:"涉秋七月,鹊首无故皆髡。相传以为,是日河鼓与织女会于汉东,役乌鹊为梁以渡,故毛皆脱去。"乌鹊为了成人之美,不惜被踩掉头上的羽毛,可谓舍己为人的良禽。

《鹊桥会》(潍坊杨家埠年画)

牛郎织女鹊桥相会的故事，想象奇丽，千古传颂，宋词中有一个曲牌《鹊桥仙》，即出自这一故事，宋人所赋《鹊桥仙》词，很多篇章都是着眼于七夕鹊桥会的故事，其中，最脍炙人口的，当然要属秦观的那首：

> 纤云弄巧，飞星传恨，银汉迢迢暗渡。金风玉露一相逢，便胜却人间无数。
>
> 柔情似水，佳期如梦，忍顾鹊桥归路。两情若是久长时，又岂在朝朝暮暮。

为牛郎织女架桥，何以非得乌鸦或喜鹊不可？按照民间故事中的说法，这对恩爱夫妻被狠心的王母娘娘打散鸳鸯之后，河汉永隔，相见无期。织女思念成病，玉皇大帝看着她可怜，命乌鸦或喜鹊传话，准许两人每隔七日见一次，谁知此鸟嘴笨，传错了话，把七日相见说成了七月七日才可相见，玉皇一气之下，就命乌鸦或喜鹊每年七月七架桥，以惩其矫诏之罪。

实际上，在中国古代的天官系统中，银河上确有一座桥，即"天津"组星，天津九星如连珠，连缀而成一座拱桥的形象。天津上与辇道相属，直抵织女星。牵牛化身河鼓，作为天上的大将，所把守的也正是这一天上的津渡。《三辅黄图》卷一述

《鹊桥会》(潍坊杨家埠年画)

秦始皇筑咸阳城, 称 "始皇穷极奢侈, 筑咸阳宫。因北陵营殿, 端门四达, 以制紫宫, 象帝居。引渭水贯都, 以象天汉, 横桥南渡, 以法牵牛"。秦始皇营造咸阳城, 建筑格局模仿天上宫阙: 在城北筑宫殿, 象征天上的紫微垣; 引渭水穿城而过, 象征银河; 在渭水上建横桥, 象征牵牛。所谓 "横桥南渡, 以法牵牛" 之说, 意谓横桥之南, 是牵牛之所在, 则所谓 "横桥", 当即象征银河上的天津。可见，银河有桥的观念，至迟在战国时期即已形成了，乌鹊填河成梁的故事，自然即由这一观念漫衍而来。

古代中国人将银河上的桥梁想象成一座凌空飞架的鹊桥，有意思的是，在西方天文学中，这座银河上的桥梁正被想象为一只展翅飞翔的大鸟，即天鹅座（Cygnus）。古希腊神话说，这只翱翔于夏夜星空的天鹅，乃是天神宙斯所变，他化身天鹅诱奸美丽的人间公主勒达，完事之后飞上天，就变成了天鹅座。东、西方的神话，都将这座银河上的星桥与飞鸟联系起来，不谋而合，其中是否存在文化上的渊源关系，这实在是一个耐人寻味的问题。

夏秋的夜空中这两颗相映生辉的明星，一个叫织女，一个叫牵牛，正迎合了华夏民族男耕女织的传统生活方式。在最早的观念中，这个牵牛郎所牵的牛不是用来拉车耕地的乡下老黄牛，而是天子家衣以文绣、食以刍菽却迟早要被牵入太庙宰杀祭神的牛牲。但是，民众总会顺着风俗的变迁、由着自己的性情为名字赋予新的含义，庙堂之上高贵的牛牲离民众很远，民众所熟悉的是与他们朝夕相处、同甘共苦的引车犁地之牛。《大东》诗中虽则抱怨"睆彼牵牛，不以服箱"，却也暗示民众宁愿这是一头拉车服箱的牛。而牵牛的名字又极容易让人将他想象成一位牵牛劳作的农夫，所以，在后来的民间故事中，牵牛最终就从庙堂上养尊处优的牛牲，变为民间乡野的放牛郎，成了一个老实巴交、勤奋能干的庄稼汉，毕竟，"狗吠深巷中，鸡鸣桑树颠""你耕田来我织布，我挑水来你浇园"，几千年来，一直是中国民间最质朴的生活场景，也是中国百姓历久不衰的田园梦想，而牛郎织女会天河的故事也就因此在家园大地随风流传，将温润心田的情愫遍洒人间。

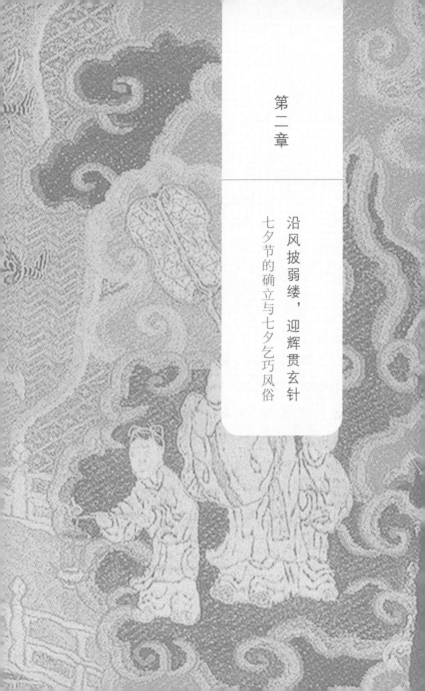

第二章

沿风披弱缕，迎辉贯玄针

七夕节的确立与七夕乞巧风俗

一、七夕节之确立

1. 七夕节期之确立

乞巧风俗和牛郎织女故事密不可分，两者都有着古老的源头，都植根于华夏先民以星象纪时的原始天文知识，因此，可以推断，在乞巧风俗和牛郎织女故事见于古书记载之前很久，甚至在尚无文字的史前时期，这种风俗和故事就已经形成。在那些漫长的、没有留下任何记载的岁月里，年复一年，每当秋天到来的时候，人间的织妇都会仰望星空，向天上的织女默默祝祷，牛郎和织女的歌谣和故事也因此而生，穿越岁月的长河而世代流传。

但是，说乞巧风俗和牛郎织女故事源于遂古之初，并不等于说从那时候起，就已经有了七夕这个节日了。其实，在那个时候根本不可能有七夕这个节日，道理很简单，因为那个"观象授时"的时代，还根本不曾有"七月七"这个日期，那时候不仅不曾有"七月七"这个日子，一年三百六十五日的所有日期都还不曾有。要知道某一天是几月几日，首先要有历法。历法的产生和成熟，跟天文学的发达分不开，也跟书写技术的成熟和文字的流通分不开。天文学的发达，让人们可以根据对日、月、星辰运行周期的观察准确地确定一个纪时周期的起止，从而有了明确的时序观念，而文字和书写的发达则让人们可以用一套明确无误的符号将一个个蝉联相及、周而复始的年份、月份和日期编号并记录下来。在天文学尚未发达和文字尚未流通的漫长的史前时代，农耕先民只能随时观察物候、天象的变化确定时序变迁，确定农时的到来，这就是所谓观象授时。所谓"野人无历日，鸟啼知四时"，说的就是这个道理。

在观象授时时代，既然还无成文的历法，也就不可能知道某一天是何年何月、几月几日，那时候的人们甚至还根本不曾有几月几日的观念。对于那些重要的日子，比如与农业生产和宗教庆典息息相关的节气和节日，他们大概只能根据某一种特定物候或某一种特定星象的出现而确定，比如说，看到大火星在黄昏时分升起于东方的地平线上，就知道冬去春回，一个新的农事周期就要开始了；看到燕子飞回来了，他们就知道已是仲春时节，应该举行春社仪式祭祀土神并开始春播了；看到太阳在中午投下的影子到了一年中最短的时候了，就知道已经是炎热的仲夏时节了；看到参星在黄昏时分升起于东方，就知道寒冷的冬天即将开始了……

中国最古老的历书《夏小正》记载了一系列诸如此类的物候和天象，比如其中的"正月"篇说：

启蛰（冬眠的动物昆虫蠢蠢欲动）；

雁北乡（到南方过冬的大雁飞回北方）；

雉震呴（山上的野鸡开始啼叫求偶）；

鱼陟负冰（河冰解冻，冬天潜在水底的鱼浮上水面）；

农纬厥耒（这时候，农民就要收拾农具，准备开始春耕了）。

囿有见韭（菜园子中的韭菜萌出新芽）；

时有俊风（温暖潮湿的东风开始吹拂）；

寒日涤冻涂（春日的阳光融化了冻结的土地）；

田鼠出（藏在地下的老鼠开始出来活动）；

农率均田（这时候，农民就要下地耕田了）。

整篇《夏小正》，就是由一年十二个月的各种物候和天象以及与之相应的农事所构成，从头到尾，未见一个具体的日期，它其实就是上古华夏农耕先民观象授时经验的结晶。

织女星被命名为织女，并且被作为七月的重要天象而被记录于《夏小正》这部古老的授时之书中，表明华夏先民早在观象授时时代就已经关注这颗星，并用织女星的上中天作为秋天到来和妇功开始的标识。唯其如此，织女星才为古代的织妇所关注，成为她们乞巧的对象，才被命名和想象为织女，乞巧习俗和牛郎织女的故事才与之密不可分。但是，由于这个时候还没有历法，也没有系统和准确的纪月纪日系统，因此，她们也就根本不会知道这天是在七月七日。因为那个时候还根本不可能有七月七日这个日期，所以，那个时候即使早就有了对织女星的崇拜，早就有了一年一度在夏秋之交举行乞巧仪式的习俗，但肯定还没有七夕这回事儿。像所有重要的日子一样，那个时候的乞巧仪式，在一年中的哪一天举行自然还没有明确的规定，而只能根据天象（"织女正东乡""汉案户""大火西流"等）和物候（"促织鸣"）来临时确定，因此，在不同的年度周期中，其举行的时间肯定会前后互有参差，不会很确切。

要将某个节日固定下来，确定于年度周期中的某一天，就必须首先有成熟的历法将一年三百六十五个日子从头到尾一一命名和编号。中国的纪日法很早就成熟了，商代甲骨文中就有了系统的纪日法，即干支纪日。所谓干支，即天干地支，天干共十个，即甲、乙、丙、丁、戊、己、庚、辛、壬、癸，地支共十二个，即子、丑、寅、卯、辰、巳、午、未、申、酉、戌、亥，两者相配合，共组成六十个干支组合，如甲子、乙丑、丙寅、丁卯、戊巳、己午等，因为以甲子开头，故又称六十甲子。中国传统历法就用这六十个干支组合给年和日命名，从而形成了特有的干支纪历体系。六十甲子终而复始，周还衔接，与具体的月份无关。因此，干支纪日中的日名，在月份中的位置是不固定的，例如甲子日可以在一年中任何月份的任何一天。

古人用干支纪日，同时也自然是用干支确定一个节日的日期，这也就决定了，某个节日的日期在特定月份中的日期也是不固定的。比如说春社节（祭社）是在立春后第五个戊日，即在立春后第48天到第60天之间的某一天，大致是在二月份，至于这一天究竟是在二月的哪一天，则因年而异；秋社节是在立秋后的第五个戊日，一般会是在八月份，至于这天在八月的哪一天，同样也因年而异；上巳节的日期是三月的第一个巳日，因此，上巳节可能在三月初一到三月十二之间的任何一天……总之，在干支纪日制度下，除了元旦（春节），作为新元肇始之日，必定是在每年的一月初一日之外，其他节日在每个月中间的日期，都是随年份而变化的，因此，那个时候，还肯定不会有现在的二月二（龙抬头节）、三月三（源于上巳节）、五月五（端午节）、九月九（重阳节）等这样固定于月中某一天的节期规定，同样，也不会有固定于每年七月七日的七夕节。

至于在干支纪日时期，乞巧节具体被定在哪个干支日，由于文献无载，故不可考。很有可能，即使那个时候已经有了成文历法，但是，由于乞巧只是女人家的事情，织女也只是民间织妇礼拜的神，乞巧仪式未入朝廷礼典，乞巧节也就算不上一个十分重大的节日，因此，也就不会被规定为举国上下共同庆祝的节日，自然也就没有必要郑重其事地在颁行全国的正朔中对乞巧的节期作统一规定，何时乞巧，仍由各地百姓根据对织女星的观察因地制宜地自行确定。

在中国历代王朝制定颁发的历法中，一直奉行自古相传的干支纪日这一惯例，但是，由于中国古代通行的历法（夏历）是阴阳合历，所以干支纪日迟早要被按月纪日所代替。所谓阴阳合历，即同时以太阳和月亮的视运动作为制定历法的依据：一方面，根据太阳的暑来寒往的运动确定季节（节气）和周年（即回归年）；另一方面，根据月亮朔晦圆缺的月相变化确定月份（即朔望月）。季节是农耕生产的时序依据，而月份则便于记日子，即古人所谓"时以纪农，月以纪事"。由于月相朔望盈亏的变化非常显著，因此，古人很早就有根据月相变化纪日的习惯，即以一个月相周期为终始，按月纪日，将每个月的第一天名为一日、第二天名为二日……最晚在西汉时期，按月纪日的做法已经出现，西汉宣帝五凤二年的《鲁孝王刻石》（现存曲阜市汉魏碑刻陈列馆）中，就出现了"五凤二年，鲁卅四年，六月四日成"的字样。不过，在早期，这种纪日法大概还只是在各地郡国和民间流行，在官方文献中，比如《史记》和《汉书》中，常见的仍是干支纪日，按月用数目字纪日的做法，十分罕见，表明西汉时期所通行的仍是干支纪日法。

　　大概到东汉魏晋之际，这种原本仅是在民间社会和部分地区流行的序数纪日的方式，因为方便实用，逐渐获得官方和上流社会的确认，因此，在《后汉书》以及各地碑刻中，此种纪日方式就司空见惯了。随着干支纪日法被按月序数纪日法所代替，某些节日在每个月中的日期也就随之固定了下来。比如说，上巳节被定在了三月初三，端午节被定在了五月初五，重阳节被定在了九月初九，而乞巧节也就被定在了七月初七，从此而后，才有了所谓七夕节——中国的传统节日，尽管都有着悠久的历史，其渊源大都可以追溯到史前农耕社会的观象授时习俗，但是，其节日日期的真正确定，则大都是在东汉魏晋之际，原因正在于斯。

2. 西汉已有七月七？

有些学者根据某些古书的记载，相信七夕节在西汉初期就已经确立了。似乎很多文献都能证明这一点。其中，最常被人引为典据的，是据称为刘歆所撰之《西京杂记》中的如下记载：

> 汉彩女常以七月七日穿七孔针于开襟楼，俱以习之。（卷一）

> 戚夫人侍儿贾佩兰，后出为扶风人段儒妻，说在官内时……七月七日临百子池，作于阗乐。乐毕，以五色缕相羁，谓为相连爱。（卷三）

卷一所谓彩女于七月七日登楼穿七孔针，显然就是乞巧。卷三尽管未明言穿针乞巧，但时在七月七日，且有五色缕，亦暗暗透露出乞巧的消息。而且，在卷三这一条记载中，除了提到七月七这个日期，还提到八月四日以丝缕向北斗星祈福免灾，九月九日（即后世所谓重阳节）佩茱萸、食蓬饵、饮菊花酒，十月十五日载歌载舞祭灵女庙等宫廷习俗。这一切记载，言之凿凿，似乎都足以证明，汉初已经有了以初一、初二等按月纪日之法，七夕、重阳等的节期也早已确定。

隋人杜公瞻在《荆楚岁时记》注中引述一本叫《世王传》

的佚书之文，亦言及汉初七夕之俗：

> 窦后少小头秃，不为家人所齿。遇七月七日夜，人皆看织女，独不许后出。乃有光照室，为后之瑞。

同一则文字，《岁华纪丽》卷三引作《前汉窦太后传》，《岁时广记》卷二十八引作《西汉后妃传》，《初学记》引作《世王传》，一作《代王传》，代王即汉文帝，然则文中所谓窦后应为西汉初期之窦后，即汉文帝的皇后、汉景帝的母亲、汉武帝的祖母，那位历经三世、权倾一时的窦太后。这位窦太后最有名的事迹是，她喜欢读老子的书，儒生辕固生不买老子的账，说了几句对《道德经》不敬的话，惹恼了窦太后，被差往猪圈中斗猪，若非汉景帝出手相救，差点丢了性命。窦太后生于楚汉相争之际，长在民间贫寒之家，这条记载说窦后小时候就有了七月七看织女的风俗，岂不是证明，七夕乞巧节的风俗在秦汉之交已经蔚然成风了吗？

提起七夕和西汉的关系，最为人所艳称的自然还是要数西王母在七月七之夜降临，向好道求仙的汉武帝传授仙道要妙、长生秘诀的故事。据说出自东汉史学家、《汉书》作者班固之手的《汉武帝内传》，洋洋万余言，通篇所述全为这一故事。

此外，传为东汉郭宪所撰的《汉武别国洞冥记》、东汉末时人所撰的《汉武故事》以及晋人张华所撰《博物志》，亦皆对此故事津津乐道。其中，《汉武故事》所载较为简赅，兹引以见其梗概：

王母遣使谓帝曰："七月七日，我当暂来。"帝至日，扫宫内，然九华灯。七月七日，上于承华殿斋，日正中，忽见有青鸟从西方来，集殿前。上问东方朔，朔对曰："西王母暮必降尊像，上宜洒扫以待之。"上乃施帷帐，烧兜末香，香，兜渠国所献也，香如大豆，涂宫门，闻数百里；关中尝大疫，死者相系，烧此香，死者止。是夜漏七刻，空中无云，隐如雷声，竟天紫色。有顷，王母至，乘紫车，玉女夹驭，载七胜，履玄琼凤文之舄，青气如云，有二青鸟如乌，夹侍母旁。下车，上迎拜，延母坐，请不死之药。母曰："太上之药，有中华紫蜜，云山朱蜜，玉液金浆；其次药有五云之浆，风实云子，玄霜绛雪，上握兰园之金精，下摘圆丘之紫柰，帝滞情不遣，欲心尚多，不死之药，未可致也。"因出桃七枚，母自啖二枚，与帝五枚。帝留核着前。王母问曰："用此何为？"上曰："此桃美，欲种之。"母笑曰："此桃三千年一着子，非下土所植也。"留至五更，谈语世事，而不肯言鬼神，肃然便去。东方朔于朱鸟牖中窥母，母谓帝曰："此儿好作罪过，疏妄无赖，久被斥退，不得还天；然原心无恶，寻当得还。帝善遇之。"母既去，上惆怅良久。

天上神仙班首西王母之所以对一代雄主汉武帝眷眷相顾，自然是因为汉武帝一生拜访名山、求仙问道而不倦，而故事之所以将西王母与汉武帝人神相会的日子安排在七月七日之夜，则自然是因为这个日子具有特殊的意义，故事中尽管未言及七夕乞巧之俗，但却也足以表明，在西汉，七夕之期已经被刻意看待了。

故事中，西王母选在七夕会见汉武帝，大概还跟汉武帝的生日恰好是七月七日有关。《汉武故事》称："（武）帝以乙酉年七月七日旦生于猗兰殿。"此文亦未明言七夕有乞巧之俗，但既然书中明文记载汉武帝生日是七月七日，不是足以表明，早在西汉，系日以月的纪日制度业已通行了吗？

以上诸书，记西汉七夕掌故，白纸黑字，言之凿凿，因此常被当今学者引以为证明七夕节源于西汉的根据。其实，诸书皆不足据。首先，以上诸书皆为小说家言，荒诞无稽，非史书正典，因此不足为典要。《西京杂记》虽打着大学者刘歆的旗号，但刘歆为一代古文经学大师，断不会为此雕虫小技，因此肯定是后人伪托。《汉武别国洞冥记》据说是东汉人郭宪所著，但据后人考证，亦属假托。至于《汉武帝内传》托名东汉史学大家班固，更是拉大旗作虎皮，其伪不辨自明。西王母与汉武帝人神相会、宾主酬答的故事，通篇都是道教的话头，显然只能出自道教兴起的魏晋之际，必是当时的道士之流为自高身价，故意攀附汉武帝，故作狡狯。其次，更重要的是，《史记》《汉书》记叙汉代史事，通篇日期所用皆为干支纪日，虽有个别数字纪日的情况，当属后人窜乱所致。既然西汉朝廷所通用的仍为干支纪日之制，那么，"七月七日"云云，在当时也就无从谈起，而魏晋之人又是从何得知西汉七夕掌故的呢？自然只能是想象和杜撰的。

3. 东汉始有七月七

传世文献中，最早确凿无疑地出现"七月七日"这个日期的，当属东汉学者崔寔（约103—约170）所撰的《四民月令》，此书体例仿自《月令》，亦以月序为次，叙述一年十二个月之行事。与《月令》为朝廷典章不同，崔书所记则为乡村地主庄园一年四时的衣食住行、农桑耕织、酿酒制酱、祭祖献神等日常生活和家务经营的方方面面，书名《四民月令》当即由此而来，"四民"者，士、农、工、商之谓也。因此，此书所记月令行事，可视为东汉乡村岁时生活与风俗的真实写照。其"七月"条中就记载了七月七日的诸多事务：

> 七月四日，命置曲室，具箔槌，取净艾。
>
> 六日，馈治五谷磨具。
>
> 七日，遂作曲。
>
> 是日也，可合蓝丸及蜀漆丸；曝经书及衣裳，习俗然也。
>
> 作干糗，采葸耳。

此段所述全为七月初农家日常活计：

初四日，布置用来造曲酿酒的密室，准备席箔、支架之类器具，用来晾晒曲料；采集干净的艾蒿以备覆盖发酵酒曲使用。

初六日，磨制、蒸煮准备用于作曲的麦子、谷物等。

初七日，将磨制、蒸煮、晾晒停当的原料置于容器密封作曲。

此外，初七这天要用兰草及蜀漆草制作用于除虫、解毒、治病的药丸。

按照习俗，初七这天，还要曝晒经书及衣裳。

这天还可以作干糗（一种便于保存、可以用水冲泡食用的干粮）；可以采苍耳（葸耳），用其籽榨油燃作灯烛。

造曲、酿酒、采艾、采蓝、作药丸、晒书、晒衣裳、作干粮、采苍耳……琐琐碎碎，巨细无遗，仿佛在听一位见多识广、经验丰富的乡下老农话家常。崔寔的书，在用朴素的文字记载了东汉乡村生活各种实用知识的同时，也仿佛一个风俗画家，用轻盈的笔触、白描的手法，为我们勾画了一幅东汉乡村田庄的四时风俗画卷。只可惜，这本书早已散失，我们现在可以看到的，只是这幅画卷的残片。

在他记叙的七月初诸项家务活计中，造曲、合蓝丸和蜀漆丸以及作干粮、采苍耳等项，都是与时令相关的具体农务：七月造曲酿酒，因为这时候小麦已经收获，秋收尚未开始，正可趁农闲造曲酿酒，而且这时候酿酒，正可以赶上秋后尝新庆丰和腊月聚族宴欢时饮用；采蓝、采蜀漆、采苍耳，是因为这个时候这些药草已经长成，正适宜采集，取之过早则尚嫩，取之过晚则已老。诸般事务皆须及时，抢早或延宕，则将一事无成，其中只有曝晒经书和衣裳两项，不是必须在这个时候做的事情，一年之中，经书和衣裳何时不可晾晒，何必非得在这天进行呢？其实，他在书中已经道明个中缘由，所谓"习俗然也"，也就是说，在七月七日晾晒书籍和衣裳，在东汉时期，已是一项相沿已久的风俗——所谓习俗，就是即使你不知道它的意义，即使它已经没有任何实际的用途，你却不得不率由旧章、行之如仪的事体。

《四民月令》中的这条记载尽管简单，对于七夕乞巧、祭拜织女不着一字，但却足以证明，七月七在崔寔生活的东汉晚期，早已成为一个有着特定风俗的固定的节日。大概是因为《四民月令》一书主要着眼于与民生日用、田庄经营息息相关的各项农事，岁时祭典则非所措意，或者是因为年节风俗，早成惯习，为百姓所周知，因此无需在书中谆谆教导，故此书中虽提及多个节日，但除了元旦这个最为隆重的节日之外，对于其他节日，仅只是轻描淡写，于其风俗种种，则阙而不论。例如，三月三上巳节、五月五端午节、九月九重阳节，这几个节日在那个时候俱已蔚然成风，但书中于三月三仅言"三月三日，以及上除，可采艾及柳絮"，于五月五仅言"五日可作酢，合止痢黄连丸、霍乱丸；采葸耳；取蟾蜍以合创药；取东行蝼蛄"，于九月九仅言"九月九日，可采菊华，收枳实"，而对于这些节日丰富多彩、意趣盎然的风俗活动，曾无一言及之。并不是这些风俗在那个时候还不存在，而是崔寔著书意不在此。其书虽言及七月七，但却对乞巧风俗一字不提，也当作如是观，未可以书中未言及乞巧，就断定东汉时七夕尚无乞巧风俗。相反，崔寔于七月七日特著"曝经书及衣裳，习俗然也"一语，正足以表明，七夕节在他那个时代早已确立为故实，而拜织女、乞巧的风俗，则是这个节日的题内应有之义。

晒晒经书、衣物，在崔寔看来，尽管已经成为一种不具实际功用的单纯的风俗，但究其原委，此项活动还是与七夕所在的节候脱不了干系。七夕正当七月初，其日期与立秋相近，潮湿多雨的夏季即将过去，舒畅凉爽的秋天即将开始，因此在这个时候晒晒书籍和衣物，以防霉烂生虫，正是合乎时宜之举。只是由于一年当中随时可以晒晒，而不必在七月初七，因此，到东汉时期，它已经蜕变为一项单纯的风俗活动——所有在后人看来只是陈规旧习而无关实用的风俗，在其产生之初，往往都有其与民生日用息息相关的实际功用。

实际上，晒书、曝衣，在后世一直是七夕节风俗中的重要一环。唐代宫中甚至专门设有曝衣楼，专供宫女们在七夕这天曝衣之用，诗人沈佺期有诗曰《七夕曝衣篇》专吟此事。宋代朝廷的藏书机构（馆阁）则设有一年一度的七月七"暴书会"。而魏晋文献中还记载了几个与七月初七晒书、曝衣有关的名人轶事，至今仍为人津津乐道。

二、七夕风俗与逸事

1. 腹中有书自风流

最有名的当属郝隆曝腹晒书的故事。《世说新语·排调》载，某年七月七日，名人郝隆在自家庭院里四仰八叉地躺着晒太阳，过路人看了纳闷，纷纷询问其故，郝隆答道："俺在晒书。"——人家的肚皮都是酒囊饭袋，只有他的肚囊是满腹锦绣。东晋名士郝隆在七月骄阳下懒洋洋晒太阳的身段，经刘义庆这一点染，遂成定格，传为佳话，成了后世那些衣不蔽体、食不果腹的中国穷文人用以温暖自家肚肠的最佳话头。

《世说新语·任诞》还记载了一个阮咸曝裈的故事。阮咸与其叔阮籍同列"竹林七贤"榜单，阮氏家族隔道而居，诸阮虽属同一家门，却贫富相差悬殊，住在道北的富，住在道南的穷。每到七月七日，道北诸阮纷纷晾出纱罗锦绮，既为虚应光景，大概也是为了显摆斗富，住在路南的穷人阮咸看了心中自是愤愤不平。转眼一年，又是七夕，阮咸将自己家常穿的一条大裤衩子用竹竿高高挑起，像旗帜一样在初秋的明媚阳光中迎风招展，别人看了奇怪，他却道："未能免俗，聊复尔耳。"明明是不肯媚俗，故意惊世骇俗，却偏偏摆出一副欣然从俗的腔调，魏晋名士个顶个都是摆谱而不露痕迹的作秀高手。

魏晋名士都喜欢借七月七晒书曝衣做文章、弄机锋，说明这种风俗在那个时候确实已经风靡一时，任谁都不能免俗了。

魏晋之际还有一个跟七月七晾晒有关的故事，却不像上面两个故事为人熟知。这个故事的主人公不是风流名士，而是一代豪杰司马懿（179—251）。晋人王隐在《晋书》（原书已佚，《太平御览》卷三十一引）中记载，东汉末年，司马懿眼看汉朝大势已去，又不愿在丞相曹操手下委曲求全，因此就谎称得了风痹之症（大概类似现在所谓的风湿性关节炎），行动不便，辞官在家逍遥度日，曹操屡辟不就。曹操岂是轻易上当的，他暗暗指派一位亲信令史微服私访，天天守在司马懿家门口的树荫下伺察动静。这年七月七，司马懿出门晒书，让曹操的亲信逮个正着，赶紧报知曹操。曹操闻讯，差人来请，并严命使者：若司马老儿这遭仍是推三阻四，便绑来投入牢中。司马懿害怕，不得不勉强就官。饶是司马懿老谋深算，终究还是斗不过老奸巨猾的曹阿瞒。如果说郝隆、阮咸之辈的"未能免俗"正是不合俗流之举，那么，司马宣王冒险晒书，则的确是"未能免俗"了，并为迎合世俗付出了沉重的代价。风俗确有一种所向披靡的无形力量，让人身不由己地纷纷然被它牵着鼻子走。

七月七日晒书曝衣，自东汉崔寔著于《四民月令》，到魏晋时期频频见于史籍记载，足以透露出魏晋之际七夕节化民成俗，七月七已经作为一个被赋予特殊意蕴的关节点深深地刻入中国人的时间观念中。千百年来，古道西风，旧宫烟草，那些曾经翻云覆雨的英雄豪杰和风流名士皆成云烟，七月七，这个平凡的日子，却凭着它那段儿女情长的故事而永远被定格于中国人的岁月中了。

2. 七月七日，神仙升天

七月七日在魏晋之际逐渐成为中国人岁时观念中一个重要的节点，这一点也可以从道教对于这个日期的重视得以证明。在道教故事中，七月七日常常被作为天上神仙降临、道士成仙升天的日子，亦即天地交会、仙凡相通的日子，上面曾提到的《汉武别国洞冥记》《汉武故事》《汉武帝内传》等书所载西王母降临会见汉武帝，就是在七月七日。此外，成书于汉魏之间的《列仙传》一书中，记载的好几个道士或仙人，也是在七月七这天降临或升天的。如著名的神仙王子乔：

> 王子乔者，周灵王太子晋也。好吹笙，作凤凰鸣。游伊洛之间，道士浮丘公接以上嵩高山，三十余年。后求之于山上，见桓良曰："告我家，七月七日待我于缑氏山巅。"至时，果乘白鹤驻山头，望之不得到。举手谢时人，数日而去。（《列仙传·卷上》）

又如陶安公：

陶安公者，六安铸冶师也，数行火。火一旦散，上行，紫色冲天。安公伏冶下求哀。须臾，朱雀止冶上曰："安公安公，治与天通。七月七日，迎汝以赤龙。"至期，赤龙到，大雨，而安公骑之东南上，一城邑数万人众共送视之，皆与辞决云。（《列仙传·卷下》）

又如著名的女仙麻姑：

　　吴蔡经去家时已老，及还，更少壮，头发皆黑。语家中言，七月七日麻姑当来，可取数百斛酒饮之。至期王方平偕来，乘羽车，驾五龙，闻金鼓箫管人马之声。（《太平御览》卷三十一引《列仙传》，今本无）

　　另外，成书时间较晚的梁人吴均《续齐谐记》一书中，也记录了一个七月七日升仙的故事，并且直接与织女渡河嫁牵牛的故事联系起来：

　　桂阳成武丁，有仙道，常在人间，忽谓其弟曰："七月七日，织女当渡河，诸仙悉还宫。吾向已被召，不得停，与尔别矣。"弟问曰："织女何事渡河？去当何还？"答曰：

> "织女暂诣牵牛，吾复三年当还。"明日失武丁，至今云织女嫁牵牛。

羽流仙侣之所以对七月七致意再三，大概不是因为这个节日在道教看来具有什么特殊的宗教意味，而是因为在道教兴起的魏晋之际，正是七月七这个节日确立之时，而且在这个节日确立的同时，牛郎织女七夕会天河的故事必定也深入人心，这个故事讲的仙人相会，很容易被赋予道教的意味，在这一天，连老实巴交的放牛郎都能升天，服食炼丹的道士们羽化升仙就更不在话下了。因此，道教者流顺应风俗，借机就势地把自己的故事嫁接到了七夕上了。

3. 拜星乞巧、献瓜供枣

传世文献中，最早比较全面地记录了七夕风俗的，是三国时期吴人周处（238—299）所撰的《风土记》一书：

> 七月七日，其夜洒扫于庭，露施几筵，设酒酺时果，散香粉于筵上，以祀河鼓、织女。言此二星神当会，守夜者咸怀私愿。或云，见天汉中有奕奕正白气，如地河之波漾，而辉辉有光耀五色，以此为征应。见者便拜而愿，乞富乞寿，

无子乞子。唯得乞一，不得兼求，见者三年乃得言之。或云，颇有受其祚者。（周书已佚。引见《玉烛宝典》卷七、《初学记》卷四、《太平御览》卷三十一等，各书文字稍有出入）

此文尽管简单，但是却大致涉及了古代七夕节风俗的各种重要"母题"。但是，唯有一个最重要的母题，即乞巧，似乎反倒被周处遗漏了。其实，周处此文虽未明言穿针乞巧，但他

【明】佚名《汉宫乞巧图》（局部，现藏中国国家博物馆）

在说到世人向河鼓、织女二星"乞富、乞寿、乞子"的祈愿活动时，已暗暗道及乞巧活动了。织女原本仅是主管纺绩织纴之神，最初人们也只是向她祈求女红之巧。但是，民众们总是相信，凡百神灵，都是无所不能、有求必应的，因此，随着人们对织女的崇拜之心不断强化，织女也就从原本的女红之神，演变为无所不能的广大教主了，而原本旨在乞求心灵手巧的乞巧活动，也就泛化为无所不求的祈愿活动了。其实，由单纯的乞巧转变为广泛的祈愿，正足以看出，三国时代，七夕这个节日早已不是新生事物，因为传承日久，七夕的诸多行事早已蜕变演变为一种单纯的民俗行事了。

总之，东汉魏晋之际，随着传统的干支纪日法被更方便实用的数字纪日法所代替，包括乞巧节在内的许多传统节日分别在相应月份中的日期固定了下来，并为上到王公贵族下到市民百姓所公认，包括一月一元旦、二月二春社节、三月三上巳节、五月五端午节、七月七乞巧节、九月九重阳节在内的几个重要民俗节日基本定型，各个节日的庆典祭仪、游艺节物、俗信禁忌以及与之相关的节日传说，也基本确定。传世文献中，七月七这个被赋予特殊意义的日期最初出现于东汉的《四民月令》中，说明七夕之为节，至迟在此书作者崔寔生活的东汉末年，即已载于历宪，成为风俗。周处《风土记》所记，七夕风俗的主要环节俱已齐备，说明至迟在三国时期，七夕风俗即已定型，无非拜星、乞巧、讲述牛郎织女故事等等，此后诸书所载历代七夕乞巧风俗，大同小异，大致是在此基础上踵事增华、添枝加叶而已。

七夕的主要风俗是乞巧，因此七夕又称乞巧节，历来关于七夕节的文献记载和辞赋歌咏，也于乞巧最为津津乐道。南北朝时期梁人宗懔《荆楚岁时记》一书，是现在所见最早记载乞巧风俗的岁时文献：

> 七月七日，为牵牛织女聚会之夜。是夕，人家妇女结彩缕，穿七孔针，或以金银鍮石为针，陈瓜果于庭中以乞巧，有喜子网于瓜上，则以为符应。

南朝的时候，妇女们七夕之夜乞巧，不仅是向织女供奉祭献、默默祝祷而已，而且要穿针引线，以示她们所乞乃是女红针黹之巧。乞巧所用针线，也不是日常缝纫所用，而是特制的。线是彩缕，大概是五色彩丝所织吧。针是七孔针，七孔自然要比平常所用只有一个针鼻的针更容易穿过。七夕之夜于月下穿针引线，考验的不仅是手巧，而且还需要有好眼力，乞巧的女子把平常的针换成七孔针，自然是为了增加自己得巧的机会。

针为七孔，自然是由七夕而来。甚至乞巧所用针的材料，也与平时所用不同，"或以金银鍮石为针"，鍮石，是黄铜，或者天然铜，其物虽贱，却因其颜色近似黄金，常被用来冒充真金，钟会《刍荛论》云："莠生似禾，鍮石像金。"（《太平御览》卷八一三引）元稹《估客乐》说到当时奸商以次充好，以假乱真，"鍮石打臂钏，糯米吹项璎。归来村中卖，敲作金玉声"。可见自古就有用鍮石冒充金银制作首饰的做法。用金银这种贵金属或类似金银的鍮石为针，可见南朝女子对于乞巧是很郑重其事的。

乞巧要向织女奉献祭品，"陈瓜果于庭中以乞巧"，南朝梁时的女子献给织女的是瓜果，周处《风土记》亦云，"设酒酺时果"，以祭牛女，乞巧为什么要奉献瓜果呢？这自然不是因为织女喜欢吃瓜果，而是因为七夕正当初秋，正是瓜果成熟、果实飘香的时节，用新摘的瓜果奉献织女，自属应时之举。《豳风·七月》云："七月食瓜，八月断壶。""壶"通"瓠"，即葫芦，又云："八月剥枣。"《七月》之诗旨在叙农时，诗中特意提到食瓜、剥枣，可见我们的祖先自古就重视瓜、枣成熟的时令意义。七月之后，瓜果飘香，因此，妇女于七夕聚会之际，陈设瓜果，作为祭祀牵牛织女的应时之物。其实，这些瓜果名义上是供神，最后终究还是被聚会的人间儿女自己享用了。正因为七夕与瓜果之间的时令关联，因此，汉代纬书《春秋合诚图》说："织女，天女也，主瓜果。"（《开元占经》卷六十五引）则在古人心目中，织女俨然成了瓜果的象征。中国传统星象图中，在织女星的东边，牵牛星附近，有一组星的名字叫瓠瓜（即西方星图中的海豚座），瓠瓜边上还有一组更暗的星叫败瓜，显然是作为瓜果成熟的时间标志，古人当黄昏之际看到这个星象出现在头顶时，就知道该是采瓜断瓠的时候了，而败瓜的意思大概是说，如果不及时采摘，瓜果就会颓败腐烂。

4. 巧不巧，看蟏蛸

人向织女乞巧，而织女是否赐巧给人，需要有所见证，南朝梁时的女子以瓜果祭献织女，瓜果即为人神沟通的媒介，因此，织女的恩赐最终也借瓜果得以昭显，"陈瓜果于庭中以乞巧，有喜子网于瓜上，则以为符应"。喜子即喜蛛，蜘蛛中的一种，形体小巧，细腿长脚，古人又称之为蟏蛸，《诗经·豳风·东山》："伊威在室，蟏蛸在户。"蟏蛸喜欢在人家室内墙角壁缝筑巢结网，故《诗经》有此说。蟏蛸居于室内，为平常人家儿女所习见，又因为它善结网，因此七夕之夜见它结网于瓜果之上，就被乞巧的妇女视为自己得到织女眷顾的征应。唐代诗人权德舆《玉台体十首》之九云："昨夜裙带解，今朝蟢子飞。铅华不可弃，莫是藁砧归。"女人看到喜蛛落到自己的面前，就知道远游在外的丈夫该回家了。陆玑《诗疏》称："此虫来着人衣，当有亲客至，有喜也。"女人看到喜蛛落到自己的衣裳上，就知道将有亲客上门，民间至今还有这一说法。蟏蛸小虫，其貌不扬，大概正是因为自古以来就被乞巧的妇人们视为美好的象征，才成为吉祥喜庆之虫，并因此得名为喜子、喜蛛，并进而形成了见喜蛛则预示有贵客上门的俗信。

5. 结彩楼，上高台

由于乞巧是七夕的主要风俗，而且此种风俗的参与者主要是女性，乞巧节大概是传统节日中唯一一个以女性为主角的节日，因此，在嫔妃如云、宫娥群处的君王后宫之中，乞巧风俗尤为盛行。据南朝顾野王《舆地记》一书记载："齐武帝起层城观，七月七日宫人多登之穿针，世谓之穿针楼。"（顾书已佚，《太平御览》卷三十一引）宫中为七夕专起楼观，可见其事之隆重，这般排场，自然只有皇家才会有。

于高台层楼之上乞巧，大概不仅仅是缘于君王竞饰奢华、显摆富贵，而是事出有因的，原因之一当是高台之上视野开阔，便于观星；另一个原因，则可能是在古人心目中，织女原本就

【宋】赵伯驹《汉宫图》（局部，现藏台北故宫博物院）

是住在银河边高台上的。在中国传统天官图中，在织女东，紧邻织女，有四颗星一组，名为渐台。唐代《开元占经》卷六十九引《甘石星经》称："渐台四星，属织女东足。"注云："四方高曰台，下有水曰渐，主晷漏、律吕之事。"可见渐台就是建筑于水中央的四方形高台，其本来功能则是用来观星测候的，其实就是古代的天文台，据《史记·武帝本纪》记载，汉武帝建章宫中，即于水中建有渐台，台高二十丈余，大概就是供方士观象占星用的。渐台原本是地上朝廷的建筑，但由于古代天文学家根据地上事物为星宿命名，因此，皇宫中的渐台就被搬到了天上银河边。由于天上的渐台紧邻织女，因此，在后世人的想象中，渐台就成了织女登高眺望之所了，唐人杨炯撰《浑天赋》，历述星象天官，即称"织女终朝而七襄，登渐台而顾步，御辇道而徜徉"（"辇道"也是星名）。齐武帝的穿针楼也许就是模仿天上的渐台而建。七夕之夜，宫女们络绎登楼，观星乞巧，正是织女登渐台而顾步、徜徉辇道以望牵牛之天上情景在人间的再现。

三、南朝七夕：文人墨客调风月

魏晋南北朝时期，尽管七夕节日早已流传民间，成为风俗，但风俗流传既久，人们习以为常，因此也就罕见史籍记载。但是，由于牛郎织女的悲情故事牵动人心，更由于这个故事以及女子乞巧的风俗恰好迎合了在南朝盛行一时的宫体诗趣味，因此，七夕、织女、乞巧自然就成了东晋以降的南朝文人词赋歌调常常吟咏的主题了，牛郎织女的故事尤其是织女的形象也因此平添了一种在民间所没有的华丽哀艳之风。

东晋的王鉴、苏彦等都有专门咏织女的五言诗，王鉴诗题为《七夕观织女》、苏彦诗题为《七月七日咏织女》，此外，苏彦有诗曰《秋夜长》、李充有诗曰《七月七日》、吴声歌曲有《七日夜女郎歌》，无非借景抒情，因牛郎织女故事寄托人间男女的哀情愁思。苏彦《七月七日咏织女》吟道：

> 火流凉风至，少昊协素藏。
>
> 织女思北沚，牵牛叹南阳。
>
> 时来嘉庆集，整驾巾玉箱。
>
> 琼佩垂藻蕤，雾裙结云裳。
>
> 金翠耀华輶，軿辕散流芳。
>
> 释辔紫微庭，解衿碧琳堂。
>
> 欢宴未及究，晨晖照扶桑。
>
> 仙童唱清道，盘螭起腾骧。
>
> 怅怅一宵促，迟迟别日长。

无非将妇孺皆知的牛郎织女会天河故事饰以藻采、施以歌行而已。历代文人吟织女的诗词歌赋连篇累牍，除了几篇出自大手笔者能够独出机杼之外，大致都是据牛郎织女故事而敷衍，并无多少新意。

到了南朝，关于七夕和织女的诗篇，就更是络绎不绝了。南朝宋时的著名诗人，不少都写有七夕诗，如谢灵运有《七夕咏牛女》、谢惠连有《七月七日夜咏牛女》、颜延之有《为织女赠牵牛诗》、谢庄有《七夕夜咏牛女应制诗》、王僧达有《七夕月下诗》、刘铄有《七夕咏牛女》、刘骏有《七夕诗》、鲍照有《和王义兴七夕》等。诸诗皆悬想、摹写天上牛郎织女相会的情景，其中唯有刘骏《七夕诗》，写的是乞巧，诗云："开庭镜天路，余光不可临。沿风披弱缕，迎辉贯玄针。斯艺成无取，时物聊可寻。"正可与《荆楚岁时记》所载民间穿针乞巧风俗相印证。

南朝梁时，宫体诗风靡一世，七夕诗也因此成为诗人的保留节目，梁武帝萧衍、简文帝萧纲倡之，范云、沈约、柳恽、何逊、刘遵、刘孝威、庾肩吾、王筠诸辈继而迎合之，诸人所作仍不出咏织女之独居、悲牵牛之迢遥的老调。不过，也有数篇，能将眼光从天河转向人间，以七夕情趣入诗，如柳恽、刘遵、萧纲、刘孝威诗即以《七夕穿针》为题，其中刘孝威诗为和萧纲诗而作。萧诗云："怜从帐里出，想见夜窗开。针欹疑月暗，缕散恨风来。"刘孝威和诗云："缕乱恐风来，衫轻羞指现。故穿双眼针，持缝合欢扇。"诗中的乞巧女子虽手持银针绣缕，却心不在焉，频频顾望的是情郎，念念不忘的则是私情，月下穿针，屡屡不过，明明是自己心猿意马，却偏偏怪罪风太大、月光太暗。这月下乞巧的女子，已经不是"夜夜劳机杼"的民间纺织娘了，乞巧被赋予幽情密约的意味，乞巧之针，也就从七孔针变成暗喻好事成双的双眼针了。

曾长期追陪萧纲前后、后因出使而羁留北朝的庾信，也有《七夕诗》一首传世，除此之外，庾信还撰有《七夕赋》。赋善状物叙事，因此，现在所见庾信《七夕赋》虽然只是存于类书中的残篇，仍较之众多七夕诗更能道出七夕乞巧的情趣：

> 兔月先上，羊灯次安。睹牛星之曜景，视织女之阑干。于是秦娥丽妾，赵艳佳人，窈窕名燕，逶迤姓秦，嫌朝妆之半故，怜晚饰之全新，此时并舍房栊，共往庭中，缕条紧而贯矩，针鼻细而穿空。

在庾信之前，南朝齐时诗人谢朓亦写过《七夕赋》，亦无非以错金镂彩之句铺张牛郎织女相会之场面，对于人间七夕节俗，并未着多少笔墨。

七夕乞巧是女子之事，但写七夕诗的却都是些须眉男子。女子是表演者，而男人是观看者，这是中国古代贵族文学一以贯之的格局，其实男人笔下的女性，也往往只是他们自己对女性的想象和欲望的投射而已，就像京剧、昆曲中千娇百媚的花旦，只是男人假借女人的头面顾影自怜。不过，事情也有例外，梁朝就有一位名叫刘令娴的女子，不仅能操翰赋诗，而且还给我们留下了一首七夕乞巧诗。刘令娴是南朝梁时诗人徐悱的妻子，虽是女子，却颇善翰藻，常与丈夫诗文赠答，《玉台新咏》中即存有徐悱、刘令娴的赠答诗数首，堪称中国历史上最早的一对"文学伉俪"。徐悱早亡，刘令娴孀居，大概也常常为遣愁怀而赋诗，《玉台新咏》卷六《答唐娘七夕所穿针》，即为刘氏丧夫之后所作，诗云：

> 倡人助汉女，靓妆临月华。连针学并蒂，萦缕作开花。
> 孀闺绝绮罗，揽赠自伤嗟。虽言未相识，闻道出良家。
> 曾停霍君骑，经过柳惠车。无由一共语，暂看日升霞。

诗中所谓"倡人"唐娘，当是令娴孀居之际的闺中密友。七夕牛郎织女相会之夜，唐娘将自己为乞巧所绣的并蒂花，托人赠予刘令娴，刘令娴幽居孀闺，见花自悼，黯然神伤。两个女子，一出良家而沦为倡女，一嫁如意郎君而早成寡妇，皆属红颜薄命，同病相怜。她们在七夕之际绣花相赠、赋诗相答，这里面所流露出的隐情，委实耐人寻味。

南朝宫廷诗人对七夕情有独钟，假观星、乞巧之名而嘲弄风月、玩味艳情，至南朝最后一位君主陈叔宝可谓登峰造极。陈叔宝（553—604，582—589 在位），南朝陈的最后一位皇帝，"生于深宫之中，长于妇人之手"，自小娇生惯养，骄奢淫逸，当了皇帝之后，更是享乐无度，终日与一帮文人词客谱写艳词，全不把治国安邦之事放在心上。隋朝的兵马打到了长江边，他仍不忘寻欢作乐。那首著名的"亡国之音"《玉树后庭花》，就是出自这位南朝末代皇帝之手："丽宇芳林对高阁，新装艳质本倾城。映户凝娇乍不进，出帷含态笑相迎。妖姬脸似花含露，玉树流光照后庭。"据说此诗写的是其爱姬张丽华。这样一位耽于女色、沉迷诗酒的风流皇帝，自然不会放过七夕这样一个调风弄月的天赋良机。每到七夕，陈后主都会召集他身边那帮文士狎客聚会宴饮，赏月观星，同时也以七夕、牛女、乞巧为题，分韵赋诗，装点光景。他和群臣唱和的七夕诗，现存有六组，这些诗像所有宫体诗一样，大都矫揉造作，乏善可陈，但每组诗前皆有序，倒可以让我们一窥南朝末世的宫廷七夕风情，其中一序云：

初伏七夕，已觉微凉，既引应徐，且命燕赵，清风朗月，以望七襄之驾，置酒陈乐，各赋四韵之篇。座有张式、陆琼、顾野王、傅纬、陆瑜等五人上。

陈后主在位不过七年，流传下来的七夕唱和诗就有六组。大概他在位期间，七夕之际的飞觞醉月、笙歌夜宴，是未曾一年有过间断的。每次应制赋诗者少则四人，多则十三人，这人数中还没算上那些作不出诗因此未被记录在案的。南朝末世，当此七夕，文士风流，济济一堂，再加上陈后主刻意调教的那班按歌度曲各擅胜场的"女校书""女学士"，以及为君臣诗酒助兴的歌妓舞姬，南朝陈时宫廷七夕之热闹隆盛，由此可见一斑。

七夕这一个原本流传于民间的节日，到了南朝宫廷，日益蜕变为一个华丽而空洞的排场。这种排场后来被载入朝廷典章，成为宫廷岁时行事的定制，后世历代王朝，直到最后一个王朝清朝，都有宫中乞巧的惯例。

四、唐代七夕：长安城中月如练，家家此夜持针线

1. 家家乞巧望秋月，穿尽红丝几万条

七夕风俗在魏晋南北朝确立之后，历隋唐五代基本上没有

大的变化，在乞巧的规模和排场上，与前代相比，容或有所损益，但七夕风俗中业已确立的几个主要环节，观星、祭拜、乞巧、曝衣等，都率由旧章，未有变改。

隋朝短祚，关于隋代的七夕风俗亦罕见载记，隋代诗人留下的几则关于七夕的诗歌，如王眘和张文恭的《七夕诗》，不脱南朝七夕诗旧辙，无非敷衍牛郎织女天河相会故事，对节日风俗不置一词。隋炀帝淫乐无度，性喜铺张，每逢节日，必盛设百戏乐舞，靡费无数，《隋书·音乐志》载，隋炀帝大业二年正月十五日，京都端门外大放炬火，光烛天地，绵延八里，列为戏场，金石匏革之声，闻数十里之外，自是每年以为常。元宵节如此盛况，七夕节也必定不会逊色。《隋书》中对于七夕景象虽无直接记载，但《隋书·音乐志》称，隋炀帝"大制艳篇，辞极淫绮，令乐正白明达造新声"，其所制作的乐章中，有题为《七夕相逢乐》者。隋朝乐官专门为七夕制作乐曲，足见其七夕之际必定有音乐歌舞之风，而不仅仅穿针引线、观星乞巧诸般而已。

唐朝是中国历史上国力最为强盛的一个朝代，到所谓"开元盛世"更是达到极盛，当时经济繁荣，社会安定，百姓安居乐业，朝野上下颂声并作，杜甫在《忆昔》诗中所追忆的就是开元盛世的情景："忆昔开元全盛日，小邑犹藏万家室。稻米流脂粟米白，公私仓廪具丰实。九州道路无豺狼，远行不劳吉日出。齐纨鲁缟车班班，男耕女桑不相失。宫中圣人奏云门，天下朋友皆胶漆。"当此衣食丰足、太平安乐之时，无论朝廷，还是民间，自然都会变得贪图享受、沉湎声色，诸如元宵、寒食、端午、七夕、中秋、重阳等岁时令节更是纵情欢乐的大好时机，既宜及时行乐，又可点缀升平，盛唐君臣百姓肯定不会轻易放过这些大好时光，因此，这些传统的节日，到了开元盛世，越发变得异彩纷呈、盛况空前。崔颢《七夕词》就向我们展现了当时都城长安的七夕之夜家家乞巧、户户穿针、朝野上下共庆七夕的繁盛节日景象：

> 长安城中月如练，家家此夜持针线。
> 仙裙玉佩空自知，天上人间不相见。
> 长信深阴夜转幽，瑶阶金阁数萤流。
> 班姬此夕愁无限，河汉三更看斗牛。

如果说崔颢诗是以鸟瞰的视野向我们展现一幅长安城七夕之夜的全局景观，另一位开元诗人祖咏的《七夕》诗则用细腻的笔触向我们描绘了七夕之夜民间女子乞巧的摆设和仪态：

闺女求天女，更阑意未阑。

玉庭开粉席，罗袖捧金盘。

向月穿针易，临风整线难。

不知谁得巧，明旦试相看。

杜甫的《牵牛织女》更是唐代七夕诗中的名篇：

牵牛出河西，织女处其东。

万古永相望，七夕谁见同。

神光意难候，此事终朦胧。

飒然精灵合，何必秋遂通。

亭亭新妆立，龙驾具层空。

世人亦为尔，祈请走儿童。

称家随丰俭，白屋达公宫。

膳夫翊堂殿，鸣玉凄房栊。

曝衣遍天下，曳月扬微风。

蛛丝小人态，曲缀瓜果中。

初筵泯重露，日出惟所终。

嗟汝未嫁女，秉心郁忡忡。

防身动如律，竭力机杼中。

虽无姑舅事，敢昧织作功。

明明君臣契，咫尺或未容。

义无弃礼法，恩始夫妇恭。

小大有佳期，戒之在至公。

方圆苟龃龉，丈夫多英雄。

　　诗人先是放眼夜空，从七夕观星引出牛郎织女会天河的故事，又把眼光从天上转向人间，用一种旁观者的口吻将人间七夕的种种人情物态一一道来：为祭星而兴奋不已、手忙脚乱的儿童，生怕乞巧不成而忧心忡忡的少女，献给双星的瓜果，在瓜果中结网的蜘蛛，随处可见的晾晒的衣裳……诗人娓娓道来，仿佛一幅白描的盛唐乞巧风俗画在我们面前徐徐展开。杜甫此诗写的大概是长安的七夕风情，《金门岁节》则记载了当时东都洛阳的乞巧风俗："洛阳人家……七夕以花绮楼阁插鬓乞巧，使蜘蛛结万字，造明星酒，制同心脍。"（明徐应秋《玉芝堂谈会》卷二十一引）这条记载不仅提到当时民间七夕的节令饮食明星酒、同心脍，而且还告诉我们，七夕之日，洛阳百姓用锦绮剪裁成小巧别致的楼阁，佩戴于鬓发间为首饰，可谓独出匠心，亦可见民间对于七夕的重视。

　　不过，需要指出的是，杜甫诗开篇所谓"牵牛出河西，织女处其东"，却犯了一个常识性的错误，因为一年的夜空中，自始至终，牵牛都处于银河之东，织女则处于银河之西，正因为织女在西，牵牛在东，织女升起在前，牵牛升起在后，故事中才有牵牛追织女的说法。杜甫这位以精于体察物情而著称的诗人偶尔失察，把牵牛和织女的位置弄颠倒了，可谓"智者千虑，或有一失"。

卒于开元初的诗人沈佺期，则在《七夕曝衣篇》中以浓墨重彩的笔触刻画了皇宫中七夕曝衣的奢华场景：

君不见昔日宜春太液边，披香画阁与天连。

灯火灼烁九微映，香气氛氲百和然。

此夜星繁河正白，人传织女牵牛客。

宫中扰扰曝衣楼，天上娥娥红粉席。

曝衣何许曛半黄，宫中彩女提玉箱。

珠履奔腾上兰砌，金梯宛转出梅梁。

绛河里，碧烟上，

双花伏兔敛屏风，四子盘龙擎斗帐。

舒罗散縠云雾开，缀玉垂珠星汉回。

朝霞散彩着衣架，晚月分光劣镜台。

上有仙人长命绺，中看玉女迎欢绣。

玳瑁帘中别作春，珊瑚窗里翻成昼。

椒房金屋宠新流，意气骄奢不自由。

汉文宜惜露台费，晋武须焚前殿裘。

唐代诗人很热衷七夕的题材，除了上述诗歌之外，很多诗人都有吟七夕或牵牛织女之作。宋人蒲积中编《古今岁时杂咏》七夕部收唐人吟七夕诗六十首，而根据程蔷的统计，在《全唐诗》中，仅以"七夕"为题者，就有八十二首，其中还不含内容涉及七夕而诗题不含七夕者。"自从建安来，绮丽不足珍"（李白《古风》），唐人胸襟豁达，气象恢廓，诗歌一扫南朝齐梁体的浮靡诗风，洗却铅华，复归自然，"清水出芙蓉，天然去雕琢"（李白《古风》）。唐代的七夕诗也一改南朝七夕诗的雕词琢句，大多清新生动，抒情状物，真挚而自然。唐人吟七夕，或直抒胸臆，借牛郎织女之遭遇寄托幽怀，或传真写照，以生动细腻的笔触再现节日光景，因此，唐人的七夕诗，可以补唐代文献关于七夕风俗记载的不足。

纵观唐代诗人笔下的七夕故事和七夕风俗，可以发现，唐代流传的七夕故事，不外牛女暌隔、星桥相会、乌鹊填河、天河浮槎等主题，可见唐代流传的七夕故事之梗概。唐代的七夕风俗，大致沿袭南朝格局，不外拜星、穿针、曝衣、彩缕之事，其中心关目，则为乞巧：

粉席秋期缓，针楼别怨多。

奔龙争渡月，飞鹊乱填河。（宋之问《牛女》）

忆长安，七月时，槐花点散罘罳。

七夕针楼竞出，中元香供初移。

绣毂金鞍无限，游人处处归迟。（陈元初《忆长安·
七月》）

七夕今宵看碧霄，牵牛织女渡河桥。

家家乞巧望秋月，穿尽红丝几万条。（林杰《乞巧》）

乞巧望星河，双双并绮罗。

不嫌针眼小，只道月明多。（施肩吾《乞巧词》）

穿针楼上闭秋烟，织女佳期又隔年。

斜笛夜深吹不落，一条银汉挂秋天。（李群玉《秋登涔
阳城》）

【五代】佚名《乞巧图》（现藏美国纽约大都会艺术博物馆）

此外，王建、王涯、和凝等所撰宫词中，皆有专吟宫女乞巧之篇，王建《宫词百首》之九十四云：

> 画作天河刻作牛，玉梭金镂采桥头。
> 每年宫里穿针夜，敕赐诸亲乞巧楼。

宫女乞巧登彩楼，象征天上的织女深居渐台，架彩桥，象征牛郎织女鹊桥相会，人间节趣是天上故事的再现，天上故事又何尝不是人间节趣的变相，天上人间，两番风光，却是一般心肠。

初唐时期，朝廷中还沿袭了南朝君臣七夕聚宴赋诗的风气，现在流传下来的数组七夕应制诗，即朝中七夕筵上君臣唱和的产物，《全唐诗》录有许敬宗《奉和七夕宴悬圃应制》三首，李峤、杜审言、刘宪、苏颋、李乂、赵彦昭诸辈的《奉和七夕两仪殿会宴应制》数首，此类应制诗大都不脱南朝七夕应制诗窠臼。

唐代的朝廷后宫，每到七夕，有祭杼的习俗。《新唐书·百官志》载："织染署……七月七日，祭杼。"杼即织布机上的机杼。织染署是皇宫专设的织造部门，每年七夕祭杼，当然也是为了乞巧，这里乞巧的主角当然是后宫织室中那些终年劳作的织妇。此外，《唐六典》卷二十二载，中尚署"七月七日进七孔金钿针"。中尚署是负责管理后宫嫔妃事务的部门，这些七孔针、金钿针自然是专供嫔妃宫女乞巧之用，与织染署那些终年机杼劳绩的织妇相比，后宫的嫔妃们乞巧，则无非点缀光景、装装样子而已。这些记载尽管只是寥寥数语，但足以证明，七夕这个节日，在唐代已经著于令甲，成为朝廷、后宫的例行公事。

2. 乞巧志异

七夕乞巧，主要是女子之事，所祈之巧，主要是女红之巧。其实，天上的织女虽心灵手巧，织成云锦天衣，一夜就能织成七匹，但是七夕之夜，牛郎织女久别重逢，"月帐星房次第开，两情惟恐曙光催。时人不用穿针待，没得心情送巧来"（罗隐《七夕》），良宵苦夜短，行乐需及时，织女仙姑哪还有心思搭理人间的小儿女。

不过，古语云："精诚所至，金石为开。"据说，在唐代，确有那诚心诚意地向织女祈求的女子，得到了织女的眷顾。《太平广记》里就记载了一个向织女乞巧而如愿以偿的故事。故事说的是唐肃宗年间，有个贤淑的姑娘，姓郑，名叫采娘，在某年七夕之夜摆设香筵乞巧，到了晚上，就梦到织女乘羽盖云车，自天而降。织女问采娘欲求何福，采娘答道："愿工巧耳。"织女于是赐给采娘一根金针，并告诉她，三天之内，不可告诉别人，否则，她就会变成男人。采娘将金针插在纸上，小心翼翼地藏在裙带中。但是，小姑娘藏不住秘密，到了第二天，就告诉了母亲。母亲很好奇，跟她要金针看。采娘从腰带中取出插针的纸张，纸上只见针眼，哪里还有金针的影子。此后不久，采娘的母亲张氏怀上了孩子。张氏曾生有五个儿女，但除了采娘之外，都不幸夭折，对生儿育女早已灰心。见到自己再次怀上孩子，正想喝堕胎药把孩子打下来，却被采娘劝住。采娘告诉母亲，自己不久将死，死后会变成男孩前来投胎。母亲将信将疑，留住了胎儿。过了不久，采娘死了，母亲悲痛欲绝，为免触景生悲，把采娘平时摆弄的玩具全都藏了起来。到满月分娩，孩子呱呱坠地，果然是个带蒂的。男孩出生后，只要有人动采娘生前的玩具，就会哇哇哭个不休。由此可见，这个男孩确为采娘托生——采娘向织女祈求手巧，却因泄露天机而一命呜呼，死后变成了男人，到头来却让自己的母亲因祸得福，生了个朝思暮想的男孩，令郑家有了香火传人。这个男孩长大后，还做了大官。天意昭彰，果报不爽，说不定，当初织女下降，就是为了给郑家续后的。(《太平广记》卷三百八十七引《史遗》)

其实，在中国人的观念中，"不孝有三，无后为大"，因此，在民间信仰中，几乎所有女神，都有送子娘娘的本领。早在三国时期，就有向织女求子的习俗了。周处《风土记》就提到，当时人们向织女祈愿，就不仅限于乞巧，而且还可以祈求别的，"乞富乞寿，无子乞子"。不过，织女赐福，有织女的规矩，就是她一次只能满足人们的一种心愿，祈福者"唯得乞一，不得兼求"，并且三年之内不能告诉别人。采娘大概知道这个规矩，并且她内心实想给自己求一个弟弟。但自己是个尚未嫁人的女孩儿家，不好意思跟织女求子，所以就用了一个变通的办法，打着乞手巧的幌子，求织女赐福，然后又故意在限期之前（这个故事里，限期由三年变成了三天）泄露了天机，借织女"化成男子"的警告，巧妙地把织女的赏赐掉了包，让自己的母亲怀上了弟弟。这个女孩儿的心思，也真够缜密。

七夕乞巧，主角既然是女子，如果有男人想趁机凑热闹，跟女人沾光，向织女乞巧，只会自讨没趣，碰一鼻子灰。话说某年七夕之夜，诗人柳宗元由外头应酬归来，见家中女眷正在里外忙活，"饎饵馨香，蔬果交罗，插竹垂绥，剖瓜犬牙，且拜且祈"，就"怪而问焉"，一个使女告诉他，她们正在乞巧，"今兹秋孟七夕，天女之孙将嫔于河鼓。邀而祠者，幸而与之巧，驱去蹇拙，手目开利，组纴缝制，将无滞于心焉"。河东先生听闻织女可以让人变得聪明伶俐，想到自己不仅人老貌丑，而且心拙嘴笨，不会像别人那样甜言蜜语，见鬼说鬼话，见人说人话，左右逢源，呼风唤雨，以至于仕途坎坷，穷困潦倒，老是犯小人，走背字，"乃缨弁束衽，促武缩气，旁趋曲折，伛偻将事"，向织女再拜稽首，求天孙"付与姿媚，易臣顽颜。凿臣方心，规以大圆。拔去呐舌，纳以工言。文词婉软，步武轻便。齿牙饶美，眉睫增妍"，尽享人间荣华富贵。谁想织女非但没有满足他的祈愿，反而在他睡觉的时候，派了一个"青袖朱裳，手持绛节"的天使来托梦，把他狠狠教训了一顿，告诫他不该对天孙胡言乱语，他之所以仕途潦倒，全怪他不肯跟别人同流合污，因此纯属自作自受，怨不得别人，天孙也帮不了他。（柳宗元《柳河东集》卷十八《乞巧文》）

不过也有例外，传说因平息安史之乱而威名远扬的名将郭子仪，就因得到了织女的眷顾而吉星高照，逢凶化吉，享尽荣华富贵。据说，当初郭子仪还是一名普通军官，一次从沙塞回京催运军粮，走到宁夏银州地头，天色已暮，忽然刮起大风，飞沙走石，天昏地暗，无法继续行路。郭子仪只好投宿到路旁的一间小破屋中，准备席地而睡。到了晚上，周围忽然大放光明。郭子仪大惊坐起，却见半空中有一辆装饰华丽的轿车，自云端冉冉而降，车中有一光彩照人的丽人，垂足坐在床上，笑眯眯地俯视着自己。郭子仪惊讶之际，想到今天恰逢七夕，立刻回过神来，知道必是织女降临，于是纳身便拜，求织女赐给自己富贵寿考。织女淡淡地说了句："大富贵，亦寿考。"便又乘车升天而去。郭子仪后来屡建战功，威名烜赫。大历初年，郭子仪镇守河中地区时，忽患重病，眼看不治，三军将领忧心忡忡。郭子仪自己心中有数，知道自己命不该绝，遂将御医及亲信幕僚招至跟前，告诉他们自己当年邂逅织女的奇遇，令众人不必担心，三军将士闻此，皆额手称庆。不久，郭子仪病体康复，织女的预言果然应验。后来，郭子仪因战功卓著，深得天子器重，官拜太尉尚书令，被皇帝尊为尚父，荣耀贵盛，堪比周文王的太师吕尚，一直活到九十岁，才寿终正寝。（《太平广记》卷十九引《神仙感遇传》）

3. 七夕遇艳

柳宗元向织女乞巧，碰了一鼻子灰，大概不怪织女，怪只怪河东先生人老貌丑，又不会甜言蜜语，不受织女待见。美女天生爱少年，仙女大概也不例外，所以，如果换了一个既年轻貌美又能说会道的风流才子，跟织女套近乎、调风月，大概会是另一番际遇。太原青年郭翰的七夕艳遇故事，就可以为证：

太原郭翰，少简贵有清标，姿度美秀，善谈论，工草隶，早孤独处。当盛暑，乘月卧庭中，时有清风，稍闻香气，渐浓。翰甚怪之，仰视空中，见有人冉冉而下，直至翰前，乃一少女也。明艳绝代，光彩溢目，衣玄绡之衣，曳霜罗之帔，戴翠翘凤凰之冠，蹑琼文九章之履。侍女二人，皆有殊色，感荡心神。翰整衣巾，下床拜谒曰："不意尊灵回降，愿垂德音。"女微笑曰："吾天上织女也。久无主对，而佳期阻旷，幽态盈怀，上帝赐命游人间。仰慕清风，愿托神契。"翰曰："非敢望也。"益深所感。女为敕侍婢，净扫室中。张霜雾丹縠之帏，施水晶玉华之簟，转会风之扇，宛若清秋。乃携手升堂，解衣共卧。其衬体轻红绡衣，似小香囊，气盈一室。有同心龙脑之枕，覆双缕鸳文之衾。柔肌腻体，深情密态，妍艳无匹。欲晓辞去，面粉如故，为试拭之，乃本质也。翰送出户，凌云而去。

自后夜夜皆来，情好转切。翰戏之曰："牛郎何在？那敢独行？"对曰："阴阳变化，关渠何事？且河汉隔绝，无可复知。纵复知之，不足为虑。"因抚翰心前曰："世人不明瞻瞩耳。"翰又曰："卿已托灵辰象，辰象之门，可得闻乎？"对曰："人间观之，只见是星，其中自有官室居处，群仙皆游观焉。万物之精，各有象在天，成形在地，下人之变，必形于上也。吾今观之，皆了了自识。"因为翰指列宿分位，尽详纪度。时人不悟者，翰遂洞知之。

后将至七夕，忽不复来。经数夕方至。翰问曰："相见乐乎？"笑而对曰："天上那比人间。正以感运当尔，非有他故也，君无相忌。"问曰："卿来何迟。"答曰："人中五日，彼一夕也。"又为翰致天厨，悉非世物。徐视其衣，并无缝，翰问之，谓翰曰："天衣本非针线为也。"每去辄以衣服自随。经一年，忽于一夕，颜色凄恻，涕流交下，执翰手曰："帝命有程，便可永诀。"遂呜咽不自胜。翰惊惋曰："尚余几日在？"对曰："只今夕耳。"遂悲泣，彻晓不眠。及旦，抚抱为别。以七宝碗一留赠，言明年某日当有书相问。翰答以玉环一双。便履空而去，回顾招手，良久方灭。

翰思之成疾，未尝暂忘。明年至期，果使前者使女，将书函致。翰遂开封，以青缣为纸，铅丹为字，言词清丽，情意重叠。书末有诗二首。诗曰：

河汉虽云阔，三秋尚有期。
情人终已矣，良会更何时？

又曰：

朱阁临清汉，琼宫御紫房。
佳期情在此，只是断人肠。

翰以香笺答书，意甚慊切，并有酬赠诗二首。诗曰：

人世将天上，由来不可期。
谁知一回顾，交作两相思。

又曰：

赠枕犹香泽，啼衣尚泪痕。
玉颜霄汉里，空有往来魂。

自此而绝。是年太史奏织女星无光。

翰思不已，凡人间丽色，不复措意。复以继嗣，大义须婚，强娶程氏女，所不称意。复以无嗣，遂成反目。翰后官至侍御史而卒。（《太平广记》卷六十八引张荐《灵怪集》）

"牛星织女年年别，分明不及人间物。"（张先《菩萨蛮·七夕》）终年独守空床的织女终是难耐寂寞，居然瞒天过海，红杏出墙，这一来，只是苦了老实巴交、痴痴守候的牛郎——诸如此类的故事，自然只能是出于风流文人自作多情的想象。世间文人，都是些行动的矮子，幻想的英雄，世上美人他们不敢惹，就只有向天上的女神、女仙放纵性幻想，他们不仅可以"妾宓妃，妻织女"（《淮南子·俶真篇》），甚至连冷艳的嫦娥仙子、贞洁的观音菩萨都成了他们的狎邪对象，尘缘未了的织女就更难逃他们的魔掌了。做女人难，做女神更难，怪只怪天宫寂寥，高处不胜寒。

顺便说一下，故事中的郭翰，历史上实有其人，《旧唐书》卷八十九《狄仁杰传》载，唐高宗时，郭翰尝为御史，巡察陇右，当时狄仁杰为宁州刺史，因狄氏治民有方，郭翰向朝廷举荐，狄仁杰得以右迁为冬官侍郎，出任江南巡抚使。武则天时，郭翰为麟台郎，但因为替受冤枉的同僚仗义执言，得罪武则天，被逐出朝廷，贬为巫州司法参军。史书中的郭翰是一位典型的正直君子，不知何故，到了小说家的笔下却成了一个好色的登徒子。另外，《灵怪集》的作者张荐也非泛泛之辈，张荐（744—804）是中唐时期著名的文人，代宗、高宗两朝，历任史馆编修、御史中丞等职，曾三度出使回纥（回鹘）、吐蕃，不辱使命。张荐通经史，善文辞，除《灵怪集》外，尚有《文集》三十卷。值得一提的是，张荐是初唐著名文人张鷟之孙，而张鷟就是著名的色情小说《游仙窟》的作者。张荐用他的生花妙笔，把人们心目中贞淑的织女描绘成一位背着丈夫私赴巫山云雨的风骚神女，倒是不失乃祖家风。

4.七月七日长生殿

谈起唐朝的七夕艳史，自然就不能不说到唐明皇和杨贵妃七月七日长生殿幽期密约的故事，经过白居易《长恨歌》、陈鸿《长恨歌传》、白朴《梧桐雨》以及洪昇《长生殿》的渲染，这个故事早已脍炙人口，而我们正可借唐明皇和杨贵妃的七夕遗事，一窥开元宫廷的七夕盛况。五代王仁裕所著《开元天宝遗事》卷二就有关于唐明皇和杨玉环宫中乞巧的记载：

> 帝与贵妃每至七月七日夜，在华清宫游宴时，宫女辈陈瓜花酒馔，列于庭中，求恩于牵牛织女星也。又各捉蜘蛛于小盒中，至晓开，视蛛网稀密，以为得巧之候。密者言巧多，稀者言巧少。民间亦效之。

宫内以蛛网疏密判断得巧与否，仍延续了《荆楚岁时记》所记载的南朝乞巧风俗。同书卷四又云：

> 宫中以锦结成楼殿，高百尺，上可以胜数十人，陈以瓜果酒炙，设坐具，以祀牛女二星。嫔妃各以九孔针、五色线，向月穿之，过者为得巧之候。动清商之曲，宴乐达旦。士民之家皆效之。

专门结构彩楼，在上面祭拜牛女双星，穿针乞巧，宴乐歌舞，通宵达旦，也仍是延续了南朝宫廷的乞巧故事，但这穿针楼高百尺，上可坐数十人，由穿针楼之规模，也可见开元宫中乞巧之铺张。

唐明皇惑于杨氏兄妹，荒怠国事，酿成安史之乱，致使山河破碎，民生涂炭，开元盛世灰飞烟灭，功过是非自有史家评说，而李、杨的天上人间生死两茫茫的爱情，一经白居易《长恨歌》的渲染，即成千古绝唱，让后世无数的诗人骚客津津乐道、吟叹不绝。后世那些关于李、杨爱情的诗赋、传奇、戏文大致都无法跳出《长恨歌》的窠臼，都要拿七夕长生殿的海誓山盟故事大事铺张。七夕节，也因为李、杨长生殿的海誓山盟，被染上了一层其原本所没有的异样情韵。

唐代后宫，热衷乞巧的天子宠妃不仅只有唐明皇和杨玉环，宋人笔记《致虚杂俎》记载，唐高宗的宠妃徐婕妤每到七夕，"雕镂菱藕，作奇花异鸟，攒于水晶盘中以进上，极其精巧。上大称赏，赐以珍宝无数。上对之竟日，喜不可言。至定昏时，上以散置宫中几上，令宫人暗中摸取，以多寡精粗为胜负，谓之斗巧，以为欢笑"（据元陶宗仪《说郛》卷三十一）。用菱藕雕刻成各种奇花异鸟的形象，借以乞巧，堪称独出心裁。

为了七夕乞巧而巧费心思的不仅有宫中的风流帝王和他们

的宠妃爱姬。《致虚杂俎》中还记载了一则唐朝宰相元载爱姬乞巧的逸事："薛瑶英于七月七日，令诸婢共剪轻彩，作连理花千余朵，以阳起石染之。当午散于庭中，随风而上，遍空中如五色云霞，久之方没，谓之渡河吉庆花，藉以乞巧。"（据元陶宗仪《说郛》卷三十一）阳起石，是一种类似于云母的矿物质，在阳光照耀下，会散发出丝缕一般的荧彩。剪彩绢作花，染以阳起石，抛撒空中，在阳光的照耀下，绢花纷纷扬扬、光彩旖旎，如缤纷云霞般炫人眼目。要知道，薛瑶英用来染花的阳起石，还有一种特殊的功能，古人常用它来作为壮阳药，故名阳起石。花作连理花，石曰阳起石，其中深意，男人看了自然心领神会。据说，这薛瑶英"能诗书，善歌舞，仙姿玉质，肌香体轻"，善于巧媚，堪比飞燕、绿珠，深得元载宠爱，而身居相位的元载也终因惑于女色，废迨政务，得罪了代宗，最后被罗织罪名，满门抄斩，元载畏罪自杀，瑶英则投入了别人的怀抱。

5. 小楼昨夜又东风

前面提到南朝的陈后主、隋朝的隋炀帝、唐朝的唐明皇这几位天子以及元载这位权倾一时的宰相，都因流连诗酒、沉溺女色而对七夕情有独钟，又都因为荒淫无度、纵情声色而不得善终，身为天子者国破身死，身居相位者身败名裂，唐明皇虽未亡国，但"渔阳鼙鼓动地来，惊破霓裳羽衣曲"，大唐江山也差一点被他一手葬送。历史上，耽溺享乐、荒废国事而且对七夕情有独钟的，除了陈后主、隋炀帝、唐明皇，还有五代十国的南唐末代君王后主李煜。而且，这几位君王之所以对七夕情有独钟，又都跟一位倾国倾城的女人有关，陈后主的女人是张丽华，唐明皇的女人是杨玉环，李后主的女人是小周后。

李后主不仅跟唐明皇一样多才多艺，诗词歌赋、书画音律样样都会，还跟唐明皇一样纵情爱欲，沉溺女色，并且也因为女人而在七夕节上费尽心思。李煜宠爱周氏姐妹，史称大、小周后，宋人笔记《五国故事》卷上记载，李煜"每七夕延巧，必命红白罗百匹，以为月宫天河之状，一夕而罢，乃散之"。虽寥寥数语，但也足以窥见这位南唐后主乞巧场面之气派非凡，悬挂张设百匹红白绫罗，象征月宫天河，必定还要张灯结彩，以装点佳节光景。月宫和天河，这只是布景和舞台，有了舞台，自然少不了剧中人，这个舞台上，说不定会有嫔妃宫女扮作嫦娥在月宫中蹁跹起舞，扮作织女在银河畔袅袅伫望，或者还会有身穿云衣霞裳的歌姬扮作天上仙女联袂踏歌以伴舞助兴。李煜这位多才多艺的风流天子，不乏寻欢作乐的奇思妙想，完全有能力把七夕乞巧仪式搬演成一场独具风情的宫廷情景剧。

北宋开宝七年（974），宋军攻破南唐都城金陵，李煜被俘。这位曾经在故国宫阙的七夕之际大展才华的南唐末代皇帝，在做了宋朝的囚徒之后，仍对故国七夕念念不忘。据陆游（一说叶梦得）的《避暑漫抄》记载："李煜归朝后，郁郁不乐，见于词语。在赐第，七夕命故妓作乐，闻于外。太宗怒，又传'小楼昨夜又东风'，并坐之，遂被祸。"（明陆楫编《古今说海》卷一百二十五引）这位曾经纵情于七夕的末代皇帝，最后居然因为七夕而断送了自己的性命。

陈后主与张丽华、唐明皇与杨玉环、唐后主与小周后、元载与薛瑶英，纵览史记稗官，在千余年七夕风俗志上留下名字的历史人物寥寥无几，无非上述几位，而这些男女最后皆不得善终，同样的悲剧故事居然伴随着同样的七夕风俗重复再现，是历史的宿命？还是七夕这个节日从一开始就受到了某种命运的诅咒？抑或是牛郎织女的悲情故事从一开始就为这个节日笼罩了一种不祥的意味？——七夕当然不是一个不吉利的节日，千余年的中国百姓年年过七夕、拜织女，他们从织女那里得到的从来都是祝福。但是，实在说来，七夕确实也不是像春天的社日、上巳、三月三那样的适于纵情欢愉的节日。就天气而言，七夕之际，伏天虽已过去，但暑气尚存，炎热未消，雨季虽近尾声，但霖雨未止，因此并不适合举行大规模的户外庆典。更重要的是，七月正值初秋，在女人终日劳绩于机杼的同时，庄稼收获在即，正是繁忙的农事劳作即将开始的时节。身为天子或贵臣，在这个时节纵情声色，狂欢无度，适足见其性情昏乱，行事乖张，只知寻欢作乐，不关心百姓疾苦，可谓上悖天道，下乖民心，《尚书》云："天作孽，犹可违。自作孽，不可活。"这几位七夕狂热分子最终身败名裂、国破身亡，自然怪不得七夕这个天道时日，只能怪他们自己作孽，咎由自取。

6. 敦煌女郎拜牵牛

七夕自古就是女人的节日，乞巧的主角从来就是女子，但是，迄今为止，我们所提到的关于七夕风俗的记载，不管是出自史书笔记，还是出自诗文辞赋，都是男人的手笔。因此这些记载所反映的，也是男人眼中的七夕和织女，以及男人眼中的乞巧女，只有南朝的女诗人刘令娴算是个例外，但刘令娴的诗《答唐娘七夕所穿针》虽以七夕、穿针为题，却并未着墨于乞巧女子的行事和心态。因此，在迄至唐代大量关于七夕的书写中，作为七夕风俗之主体的女性的视角，反倒是缺失的，我们无法真切地了解那些七夕之夜在香案前向织女默默祝祷的女子们所祈求的究竟是什么心愿。不过，保存在敦煌石室中的一首可能是出自五代时期的曲子词，却弥补了这一缺憾。这首曲牌为《喜秋天》的歌词，语言质朴无华，不假藻饰，其五更调的格式，具有明显的俗曲意味，显然是当时流传于敦煌歌妓之口的歌词。曲中叙述了几位青楼女子在七夕之夜结伴向双星祈愿的情景：

一更每年七月七，此时受□日。在处敷陈结交□，献供数千般。

□晨连天暮，一心待织女。忽若今夜降凡间，乞取一交言。

二更仰面碧霄天，参次众星前。月明夜□□周旋，□□□□□。

诸女彩楼畔，烧取玉炉烟。不知牵牛在那（哪）边，望得眼睛穿。

三更女伴近彩楼，顶礼不曾休。佛前灯暗更添油，礼拜再三候。

会甚□北斗，渐觉更星候。月落西山觇星流，将谓是牵牛。

四更缓步出门听，直是到街庭。今夜斗末见流星，奔逐向前迎。

此时为将见，发却千般愿。无福之人莫怨天，皆是少因缘。

五更敷设了□□，处分总交收。五个姮娥结高楼，那（哪）边见牵牛。

看看东方动，来把秦筝弄。黄针拨镜再梳头，遥遥到来秋。

敦煌城中这些以色艺事人的青楼歌妓，常年以追陪逢迎为业，大概不需要像民家女子那样终年机杼劳作，因此，她们在七夕之夜所期盼的不仅是织女，更有牵牛，因为她们所祈求的不是女红之巧，而是一个像牵牛郎一样的如意郎君。夜色初上，她们就搭香案，供香果，向织女祈愿。织女星虽然升起来了，但牵牛星却迟迟未现，乞巧女在满天繁星中到处寻觅他的身影。到了三更，牵牛星依然不肯显露真容，乞巧女心中焦虑，一次又一次在佛前顶礼祷告，希望佛祖保佑，能让她们见到牵牛。到了四更，女伴望眼欲穿，出门来到街庭，但牵牛星仍杳不可见，忽见一颗流星划过北方天际，众女病急乱投医，纷纷抢上前去向流星许愿。见不到牵牛星，众女灰心丧气，只能悲叹自己命运不济，缘分不到，恐怕这辈子也无法遇到像牛郎这样忠贞不渝的郎君了。夜已五更，眼看东方晓色已动，天就要亮了，牵牛星仍未出现，心灰意冷的众女只得收拾香案，各回闺房，鸣筝寄情，对镜梳妆，唯有把希望寄托在来年的秋夕。

在这首曲子词中，织女星黄昏即已升起，而牵牛星却直到拂晓也未曾出现，这在天文学上自然说不通。两个星星原本相去甚近，在七夕的黄昏，牵牛和织女同样皎然可见，不至于像歌词中所说的那样"上穷碧落下黄泉，两处茫茫皆不见"。但歌词刻意渲染牵牛之难见，却真实地反映了这些风尘女子对于美好姻缘的期待与渴望，其实也道出，在女性的心目中，好儿郎就像天上的牵牛星一样，尽管众里寻他千百度，却总是可遇不可求。可心可意的好儿郎，在任何时代里，都是寥若晨星，打着灯笼也难找啊。

1. 金牛奉旨

2. 寿仁别弟

3. 牛星下凡

4. 万仓看女

5. 叔嫂失和   6. 牛郎放牛

7. 点化牛郎   8. 嫂害牛郎

9. 牛郎见舅

10. 娄氏进谗

11. 亲戚议事

12. 兄弟分家

13. 手足分离

14. 宴请四邻

15. 牛郎议婚

16. 牛郎劳作

17. 牛星升天

18. 灵霄交旨

19. 织女下凡

20. 金牛指路

21. 窥浴窃衣

22. 牛女拜堂

23. 织女生子

24. 教养儿女

25. 夫妻耕织

26. 天庭宣旨

27. 索取仙衣

28. 金牛复旨

29. 织女升天

30. 天河拦路

31. 一年一会

32. 鹊桥相会

《全部天河配》（武强连环年画）

第三章

古道犹西风，争说泥孩儿

宋代七夕风俗的异域渊源

一、盛况空前的宋代七夕

宋代都城打破了唐代都城封闭的坊市，废除了夜禁，城市生活在空间和时间上都获得了空前的自由，因此，宋代城市呈现出前所未有的繁荣景象。南宋初，长期居住在汴梁的孟元老在汴梁失陷之后，流亡南方，回忆昔日繁华，撰成《东京梦华录》，就展现了一幅全景的汴梁市井四时行乐图。他在自序中说：

> 举目则青楼画阁、绣户珠帘。雕车竞驻于天街，宝马争驰于御路。金翠耀目，罗绮飘香，新声巧笑于柳陌花衢，按管调弦于茶坊酒肆。八荒争凑，万国咸通，集四海之珍奇，皆归市易，会寰区之异味，悉在庖厨。花光满路，何限春游，箫鼓喧空，几家夜宴……

张择端的风俗画长卷《清明上河图》更以水墨丹青，为汴梁城的市井繁华留下了生动的写照。宋代城市生活如此熙攘热闹，逢年过节的岁时庆典和游艺更是盛况空前。正如孟元老所云："太平日久，人物繁阜。垂髫之童，但习鼓舞，班白之老，不识干戈。时节相次，各有观赏，灯宵月夕，雪际花时，乞巧登高，教池游苑。"汴梁城中，每个节日都有相应的游乐活动，元宵观灯，清明赏花，七夕乞巧，重阳登高，仿佛一幅随着时序的流转而徐徐展开的人间行乐图卷，一年到头，从春到秋，有着看不完的光景，凑不完的热闹，吃不完的宴席，听不够的丝竹箫鼓。孟元老在《东京梦华录》一书中，就用委曲周致、工笔细描的笔法，给我们展现了一幅如《清明上河图》一般的七夕风情图：

　　　　七月七夕，潘楼街东宋门外瓦子、州西梁门外瓦子、北门外、南朱雀门外街及马行街内，皆卖磨喝乐，乃小塑土偶耳。悉以雕木彩装栏座，或用红纱碧笼，或饰以金珠牙翠，有一对直数千者，禁中及贵家与士庶为时物追陪。又以黄蜡铸为凫雁、鸳鸯、鸂鶒、龟鱼之类，彩画金缕，谓之"水上浮"。又以小板上傅土，旋种粟令生苗，置小茅屋花木，作田舍家小人物，皆村落之态，语之"谷板"。

又以瓜雕刻成花样，谓之"花瓜"。又以油麹糖蜜造为笑
靥儿，谓之"果食花样"，奇巧百端，如捺香、方胜之类。
若买一斤数内有一对被介胄者，如门神之像，盖自来风流，
不知其从，谓之"果食将军"。又以绿豆、小豆、小麦，
于磁器内以水浸之，生芽数寸，以红蓝彩缕束之，谓之"种
生"。皆于街心彩幕帐设，出络货卖。

　　七夕前三五日，军马盈市，罗绮满街。旋折未开荷花，
都人善假做双头莲，取玩一时，提携而归，路人往往嗟爱。
又小儿须买新荷叶执之，盖效颦磨喝乐。儿童辈特地新妆，
竞夸鲜丽。

　　至初六日、七日晚，贵家多结彩楼于庭，谓之"乞巧
楼"。铺陈磨喝乐、花瓜、酒炙、笔砚、针线，或儿童裁诗，
女郎呈巧，焚香列拜，谓之"乞巧"。妇女望月穿针，或
以小物蜘蛛安合子内，次日看之，若网圆正，谓之"得巧"。
里巷与妓馆，往往列之门首，争以侈靡相向。（"磨喝乐"
本佛经"摩睺罗"，今通俗而书之。）

　　孟元老为我们描绘的汴梁七夕，呈现出一派前所未有的盛
景，不仅节日的热闹程度前所未有，而且，节日的时间也大大
拉长了。以前的七夕，只限于七月七日夜间的乞巧，而在宋代

东京，一入七月门，市面上就早早地现出一派浓郁的节日气氛。从七月初一日开始，绵延好几条大街的七夕市就开张了，到处都是兜售摩睺罗、水上浮、谷板、种生、花瓜、果食花样、果食将军、双头莲等七夕节供之物的商贩，置办七夕节物的人们熙熙攘攘，摩肩接踵，把整条大街挤得水泄不通。《岁时杂记》称："东京潘楼前有乞巧市，卖乞巧物，自七月初一日为始，车马喧阗。"（陈元靓《岁时广记》卷二十六引，又见金盈之《醉翁谈录》卷四引）至七月初四、初五，七夕市的热闹境况达到高潮，《东京梦华录》称："七夕前三五日，军马盈市，罗绮满街。"《岁时杂记》则称："七夕前两三日，车马相次，壅遏不复得出，至夜方散。"据宋人刘道醇《宋朝名画评》记载，画家燕文贵"尝画《七夕夜市图》，状其浩穰之所，至为精备，自安业界北头向东至潘楼竹木市尽存"。这幅《七夕夜市图》，当可与张择端的《清明上河图》媲美，可惜早已佚失，让我们无法借之一览东京七夕夜市的浩繁光景了。《东京梦华录》还说，到了七夕这天，孩子们像过年一样换上新装，手持新采的荷叶，模仿摩睺罗的样子，招摇街市，为节日平添了许多欢闹的气氛。南宋词人赵师侠《鹊桥仙·丁巳七夕》云："明河风细，鹊桥云淡，入庭梧先坠。摩孩罗荷叶伞儿轻，总排列，双双对对。"则说的是擎着荷叶的泥孩儿摩睺罗。青楼女子们也纷纷在门外搭设彩楼祭棚，拜星乞巧，相互之间竞相攀比，争奇斗奢，借以招徕客人，更又为七夕之夜增添了一种风流韵味。七夕这个历史悠久的传统节日，在宋代呈现出前所未有的繁盛景象。

靖康之难，金兵攻破汴梁，宋室被迫南迁，定都临安。南宋朝廷偏安一隅，国力日衰，疆域日蹙，但都城临安的繁荣较之昔日汴梁却毫不逊色。柳永《望海潮》记录了北宋时杭州的繁华：

> 东南形胜，三吴都会，钱塘自古繁华。烟柳画桥，风帘翠幕，参差十万人家。云树绕堤沙，怒涛卷霜雪，天堑无涯。市列珠玑，户盈罗绮，竞豪奢。
>
> 重湖叠𪩘清嘉，有三秋桂子，十里荷花。羌管弄晴，菱歌泛夜，嬉嬉钓叟莲娃。千骑拥高牙。乘醉听箫鼓，吟赏烟霞。异日图将好景，归去凤池夸。

到了南宋，杭州成为行在，繁荣更是可以想见。南宋的杭州七夕也延续了东京七夕的盛况，七夕的诸般节物如摩睺罗、水上浮之类也一如旧京风物。吴自牧《梦粱录》和周密《武林旧事》都是在离乱之际追忆杭州风物之作，《武林旧事》自序谓"及时移物换，忧患飘零，追想昔游，殆如梦寐，而感慨系之矣"。两书都有对于杭州七夕风俗的详细记载：

> 七月七日谓之七夕节，其日晚晡时，倾城儿童女子，不问贫富皆着新衣。富贵之家于高楼危榭安排筵会，以赏节序。于广庭中设香案及酒果，遂令女郎望月瞻斗列拜，次乞巧于女牛。或取小蜘蛛，以金银小盒儿盛之，次早观其网丝圆正，名曰得巧。内庭与贵宅皆塑卖磨喝乐，又名摩睺罗孩儿。悉以土木雕塑，更以造彩装襕座，用碧纱罩笼之，下以桌儿架之，用青绿销金桌衣围护，或以金玉珠翠装饰尤佳。又于数日前，以红熝鸡、果食、时新果子互相馈送。禁中意思，蜜煎局亦以鹊桥仙故事，先以水蜜、木瓜进入。市井儿童，手执新荷叶，效摩睺罗之状。此东都流传，至今不改。不知出何文记也。（《梦粱录》卷四）

> 七夕节物，多尚果食、苗鸡，及泥孩儿，号摩睺罗，有极精巧饰以金珠者，其直不赀。并以蜡印凫雁水禽之类，浮之水上。妇人女子，至夜对月穿针，饾饤杯盘，饮酒为乐，谓之乞巧。及以小蜘蛛贮合内，以候结网之疏密，为得巧之多少。小儿女多衣荷叶，半臂，手持荷叶，效颦摩睺罗，大抵皆旧俗也。七夕前，修内司例进摩睺罗十桌，每桌三十

枚，大者至高三尺。或用象牙雕镂，或用龙涎佛手香制造，悉用镂金，珠翠衣帽，金钱钗镯，佩环真珠，头发及手中所执戏具皆七宝为之，各护以五色镂金纱厨。制闻贵臣及京府等处，至有铸金为贡者。宫姬市娃，冠花衣领皆以乞巧时物为饰焉。(《武林旧事》卷三)

总览诸书所记，可以看出，与前代的七夕相比，宋代七夕不仅盛况空前，热闹非凡，而尤其令人耳目一新的是，宋代七夕出现了众多前所未有的节物。自东汉魏晋之际七夕节正式确立之后，直到唐代的数百年间，七夕的节物无非是针线、蜘蛛、彩楼、鹊桥、瓜果、酒脯之类，针又有七孔针、九孔针、金银针、镀石针诸等名目之别，然而无论如何巧立名目、标新立异，唐代前之七夕节物莫不与乞巧有关，穿针引线自不待言，蜘蛛、彩楼为乞巧而设，瓜果、酒脯则为祭星而供……而东京七夕节物，却令人耳目一新，不仅为前此七夕风俗所未有，而且大多都与乞巧无关。《东京梦华录》所记录的七夕市上所售卖之物，诸如摩睺罗、水上浮、谷板、花瓜、果食花样、果食将军、种生、双头莲等诸般物事，除花瓜之外，皆是前所未有，我们也看不出它们与乞巧有任何关系。《东京梦华录》记七夕之夜乞巧时所铺陈诸物，有摩睺罗、花瓜、酒炙、笔砚、针线、蜘蛛等，除摩睺罗之外，其他如花瓜、酒炙、笔砚、针线、蜘蛛等，皆属旧物相沿，可见就乞巧活动本身所供设之物而言，与以前相比，并无多大区别。在这一乞巧供物清单中，上文所记七夕市所售卖的诸般新巧之物，只提到摩睺罗，除此之外，其他诸物，皆无所见。也就是说，东京市民，对水上浮、谷板、果食将军、种生、双头莲等尽管趋之若鹜，不惜靡费置办，但买回家却并不是为了七夕夜间乞巧之用，与传统的牵牛织女崇拜无关，那么，诸如此类在宋代突然涌现且与传统乞巧习俗无涉的七夕节物究竟有何来历呢？

二、满城争说泥孩儿

在宋代七夕的诸般新生事物中，尤其引人关注的且最为当时人所津津乐道的是泥孩儿摩睺罗。

宋人对这个泥孩儿的痴迷几乎到了举国若狂的程度。《东京梦华录》称："七月七夕，潘楼街东宋门外瓦子、州西梁门外瓦子、北门外、南朱雀门外街及马行街内，皆卖磨喝乐，乃小塑土偶耳。悉以雕木彩装栏座，或用红纱碧笼，或饰以金珠牙翠，有一对直数千者，禁中及贵家与士庶为时物追陪。"数条街巷的七夕市场皆卖摩睺罗，无论贵家士庶皆追陪奉迎，可见此物之风靡一时。"彩装栏座","红纱碧笼",甚者"饰以金珠牙翠",一个小小的泥孩儿,装饰如此华丽,可见其物在宋人眼里必定非同一般。在七夕之夜的乞巧筵上,此物与传统的七夕节物银针彩缕、瓜果酒炙相并列,奉献于牵牛织女的彩楼鹊桥之前,居然有喧宾夺主的意味了。

宋人南渡,诸事张皇,杭州城贵家士庶对于摩睺罗的好尚非但不见衰歇,反倒有过之而无不及。《武林旧事》称:"七夕前,修内司例进摩睺罗十桌,每桌三十枚,大者至高三尺。或用象牙雕镂,或用龙涎佛手香制造,悉用镂金,珠翠衣帽,金钱钗镯,佩环真珠,头发及手中所执戏具皆七宝为之,各护以五色镂金纱厨。制阃贵臣及京府等处,至有铸金为贡者。"杭州城的摩睺罗较之汴梁城的摩睺罗,已是身价倍增,从原先贵家士庶追陪趋迎的节物,成为京府贵臣供奉宫廷的贡品。而摩睺罗其物的形制,也不复原来的泥胎凡骨,或以象牙雕镂,或以佛手香木制造,甚至有以黄金塑造者。与北宋时期相比,其装饰也愈见奢华,周身缀彩镂金之外,还穿戴着用珍珠翡翠制作的衣冠、用金线编织的钗镯,佩有珍珠串成的项链,手中持有用七宝(金、银、琉璃、玻璃、砗磲、赤珠、玛瑙)雕琢而成的精巧玩具,甚至连头发都是七宝所成,其体量也不再是高不盈尺的小孩儿了,大者甚至有三尺之巨,真可谓穷奢极侈,无所不用其极矣。

因为时人对于摩睺罗的热衷，在宋代，制作摩睺罗甚至成为一种专门的手艺，并形成了专门的生产销售基地，宋代苏州工匠就以善于制作精巧的摩睺罗著称。宋人陈元靓纂《岁时广记》卷二十六称："今行在（杭州）中瓦子后市街众安桥卖磨喝乐，最为旺盛，惟苏州极巧，为天下第一。"宋人祝穆《方舆胜览》卷二称："平江府……土人工于泥塑，所造摩睺罗尤为精妙。"宋许棐有《泥孩儿》诗云："牧渎一块泥，装塑恣华侈。所恨肌体微，金珠载不起。双罩红纱厨，娇立瓶花底。少妇初尝酸，一玩一心喜。潜乞大士灵，生子愿如尔。"诗所谓"泥孩儿"，金珠装缀，纱厨盛裹，自然就是摩睺罗。首句"牧渎"，钱钟书《宋诗选注》释曰："牧渎，牛喝水的小河。"实为望文生义。此处牧渎应即"木渎"，指苏州吴县的木渎镇（此据杨琳说）。明人王鏊撰《姑苏志》卷五十六称："（宋人）袁遇昌居吴县木渎，善塑化生摩睺罗，每抟埴一对，价三数十缗，其衣襞脑囟，按之蠕动。"苏州工匠所制的摩睺罗，"衣襞脑囟，按之蠕动"，已经从僵硬的泥偶变成了内藏机关的活动木偶了。

世风所染，宋代朝廷甚至将七夕供设摩睺罗纳入皇家祀典。景灵宫是宋代朝廷供奉历代祖宗神像之所，《宋史》卷一百九《礼志》载："景灵宫创于大中祥符五年，圣祖临降，为宫以奉之。天圣元年，诏修宫之万寿殿，以奉真宗，署曰奉真。明道二年，又建广孝殿，奉安章懿皇后。治平元年，又诏就宫之西园，建殿以奉仁宗，署曰孝严。奉安御容，亲行酌献……"南迁之后，重建景灵宫于杭州。《宋史》同卷载：

> 绍兴十三年二月，臣僚言：窃见元丰五年，神宗始广景灵宫，以奉祖宗衣冠之游，即汉之原庙也。自艰难以来，庶事草创，始建宗庙，而原庙神游，犹寄永嘉……乞命有司，择爽垲之地，仿景灵宫旧规，随宜建置，俟告成有日，迎还晬容，奉安新庙，庶几四孟躬行献礼，用副罔极之恩。从之。初筑三殿，圣祖居前，宣祖至祖宗诸帝居中殿，元天大圣后与祖宗诸后居后掌宫。内侍七人，道士十人，吏卒二百七十六人，上元结灯楼，寒食设秋千，七夕设摩睺罗、帘幕，岁时一易，岁用酌献二百四十羊。

摩睺罗这样一个来历不明的外来之物，居然在宋代祖宗的原庙中登堂入室，其影响委实不可小觑。

陈元靓《岁时广记》卷二十六录有一首嘲弄世相的《谑词》，读来煞是有趣，宋人对摩睺罗的痴迷亦可从中见出一斑。词云：

> 天上佳期，九衢灯月交辉，摩睺孩儿斗巧争奇。戴短

檐珠子，披小缕金衣，嗔眉笑眼，百般地敛手相宜，转睛底工夫不少，引得人爱后如痴。快输钱，须要补，不问归迟。归来梦醒，争如我活底孩儿。

这首《谑词》把摩睺孩儿写得活灵活现，嗔眉笑眼，敛手作揖，还会转动眼珠向人抛媚眼，引得人如痴如醉。这娇憨作态的活动玩偶，说不定就是苏州木渎袁记的出品吧。

《宋季三朝政要》中提到一事，也透露出宋人对于摩睺罗的痴迷。"贾相患举人猥，众御史请置士籍，复试之日，露索怀挟。辛未榜李钫孙者，少时戏雕摩睺罗于股间，搜者视之，骇曰：此文身者。事闻被黜。"这个举子实在倒霉，将一身好文绣文在身体的隐秘之处，不料却被面试的考官看到了，并因此被剥夺进士资格，赶回老家。一般人文身，所取图案皆为世人所熟悉的图案和符号，或为趋吉避凶，或为炫耀自夸，而其所取图案必有一定的象征意味，文身所在部位也有讲究。这位李生将摩睺罗这种当时人趋之若鹜的吉祥物文于股间，或者正透露了摩睺罗对于宋人的象征意味，个中消息，颇可玩味。

宋人对于摩睺罗的狂热，以及宋人七夕的铺张浮靡，史无先例，不合礼法，委实匪夷所思，因此在北宋时即已招致正统人士的非议。司马光有《和公达过潘楼观七夕市》诗云：

织女虽七襄，不能成报章。无巧可乞汝，世人空自狂。

帝城秋色新，满市翠帘张。伪物逾百种，烂漫侵数坊。

谁家油壁车，金碧照面光。土偶长尺余，买之珠一囊。

安知杼轴劳，何物为蚕桑。纷华不足悦，浮侈真可伤。

所谓"帝城秋色新，满市翠帘张。伪物逾百种，烂漫侵数坊"，说的自然就是潘楼七夕夜市绵延熙攘、奇物杂陈的盛况。"伪物逾百种"，诗人属辞，虽未免夸张，但也可见当时七夕市上所售卖的必不仅孟元老在《东京梦华录》中提到的寥寥数种，谓之"伪物"，盖因诸物皆非日常实用之物，而是专为节日所制作的游戏之物，如摩睺罗、水上浮、谷板、花瓜、果食花样、种生之类皆是。诗谓"土偶长尺余，买之珠一囊"，说的自然就是摩睺孩儿了。

根据传世文献记载，摩睺罗在宋代才风靡于世，但是，根据出土文献记载，摩睺罗其物在五代时期就已崭露头角了。杨琳撰文《化生与摩侯罗的源流》（载《中国历史文物》2009年第2期）指出，敦煌文献P.2917《某寺乙未年后常住什物点检历》有云："汉摩侯罗贰。"又，P.3111《庚申年七月十五日于阗公主施舍簿》有云："磨睺罗壹拾。"乙未年为935年，庚申年为960年，皆当五代时期。P.3111为七月十五日盂兰盆节于阗公主施舍给敦煌某寺物品的清单，摩睺罗即为其中之一，可见，在五代时期的敦煌，摩睺罗已被作为七月十五盂兰节的节供。七月十五日盂兰节与七月七日乞巧节，相去仅八日，其节物相互借用，不足为奇，因此，不能据此就轻易断定，摩睺罗原来仅为七月十五中元节所用。为免节外生枝，下文仅就七夕而论。

摩睺罗其物，宋代之前全不见踪影，其名称亦不见经传，其字或作"磨喝乐"，或作"摩喝乐"，或作"摩睺罗"，又有作"魔合乐""暮合乐"者，用字不一，显然不是华夏固有的名目，而是对外来语的对音，显而易见是外来之物（为方便起见，本书提及此名，除涉及引文或论述必要外，皆写作"摩睺罗"）。一个小小的来自异域的泥偶，居然令宋代上到天子王公，下到市民士庶，不分妇孺老幼、士农工商，皆颠倒痴迷，趋之若狂。而且其物既为外来，则原与传统七夕节令无关，更与牵牛织女以及乞巧风俗无涉，居然在汴梁、临安的乞巧筵上登堂入席，反宾为主，俨然成了宋代七夕风俗的主角。这一切究竟是如何发生的？这个名号古怪、装束新奇的泥孩儿究竟有何等来历？它来自何方？又如何传入中国？单凭一个小小的泥偶，肯定没有这种蛊惑人心、颠倒众生的力量，那么，在这个小小泥偶的身影背后，又隐藏着何等也许至今不为人知的隐秘

【金】磁州窑白釉红绿彩持莲童子立
像（现藏天津博物馆）

力量？宋人对于摩睺罗的痴迷背后，隐藏着一种怎样的信仰、观念或习俗呢？此外，摩睺罗与同样名不见经传而始见于宋代的水上浮、谷板、花瓜、果食花样、果食将军、种生、双头莲等诸般七夕物事又有何关系？它们在宋代七夕的同时出场，只是时间的巧合？抑或这诸般奇巧之物原本就是同源共生，是同一种风俗的组成部分？摩睺罗以及这诸般物事，既然不见于此前的七夕风俗，与七夕乞巧活动无关，那么，它们又何以只出现于七夕这个特定的节日上？如果说它们是外来风俗，那么，它们所自来的那种异域风俗和中土七夕节俗之间又有什么联系，以至于两种原本不相干的风俗异脉合流，相互激荡，使宋代的七夕风俗呈现出一片前所未有的绚烂风情？

一个小小的泥孩儿，实在是耐人寻味。说来话长，且让我们慢慢道来。

三、摩睺罗之谜

由于摩睺罗其物其名显而易见的异域风味，显然不是传统七夕风俗所固有之物，因此，关于它的来历，很早就引起了人们的困惑和思考。吴自牧《梦粱录》卷四中谈到"市井儿童，手执新荷叶，效摩睺罗之状"之后，即说"此东都流传，至今不改，不知出何文记也"，可见宋代的学者对于此等不见前世载记的风俗，就已颇感费解了。今本《东京梦华录》记述"七夕"一段的末尾，有一句注语，谓"'磨喝乐'本佛经'摩睺罗'，今通俗而书之"，但关于佛经"摩睺罗"，此注却并未说出个究竟。且此语既作为注释，其是否出于作者孟元老之手，亦难骤断，或为后人所加，亦未可知。

正由于《东京梦华录》中这个不知出于何人之手的注语，将摩睺罗与佛经挂上钩，而且摩睺罗其名，又确似佛经用语，所以近世学人，大都以摩睺罗一名的音译为线索，到佛典中寻求摩睺罗的来历,但摩睺罗其物、其名,具体是源于佛典中何物,诸家观点又各自不同。近世学人关于摩睺罗的来历,主要有两种说法。

一种说法,认为摩睺罗即佛经中的摩睺迦罗。此说最早由胡适提出,胡适也是近世中国学人中最早关注摩睺罗者,他在1935年6月6日天津《益世报》的《读书周刊》中刊《魔合罗》一文,认为"魔合罗"是从印度的大黑天演变而来的。大黑天,梵语称Mahākāla,音译为摩睺迦罗。胡氏认为魔合罗出自大黑天,因大黑天的梵名"摩诃迦罗"(Mahakulu,又译吗噶喇、吗哈嘎拉等)与摩睺罗或魔合罗相近。

佛教的大黑天或摩诃迦罗,源于印度教的三大主神之一湿婆神(Shiva),在印度神话中,湿婆专司毁灭和再生,因此,湿婆大多作刚猛威怖之象,佛教的大黑天造像沿袭了这一特点,亦作威猛、狞厉、通身漆黑的"大忿形状"。但是,大黑天这个原本威猛刚烈的"黑大汉",到了中国何以摇身一变而为乖巧可爱的娃娃摩睺罗?对此问题,胡适并未给出惬人心意的解说。更重要的是,他未能说明,佛教中的大黑天神或摩诃迦罗,因何因缘,与中土的七夕节发生联系,从而演变为中土的七夕节物摩睺罗。不过,我们下面将会看到,摩睺罗确实与大黑天有些瓜葛,胡适尽管未将两者的关系说清,却也独具慧眼,道

《千手千眼观音图》中的摩诃迦罗形象
（出自敦煌莫高窟第17窟，现藏英国伦敦大英博物馆）

出了一些有用的线索。

另一种说法，认为摩睺罗即佛经中的摩睺罗迦。傅芸子在 1938 年的日本《中国佛教史学》第二卷第四号上发表《宋元时代的"磨喝乐"之一考察》（后收入《白川集》）一文，首倡此说。他说："'摩睺罗'即佛典中'摩睺罗迦'（Mahoraga）的略语。"摩睺罗迦为佛教传说中的天龙八部之一，其形象为大蟒蛇神，人身蛇首。慧琳《一切经音义》云："摩休勒古译质补，亦名摩睺罗迦，亦是乐神之类。或曰非人，此云大蟒神，其形人身而蛇首也。"

但是，天龙八部的这个人身蛇首的怪物跟七夕筵上那个乖巧可爱的童子形象相去甚远，两者如何能拉扯到一块呢？傅芸子认为，尽管常见的摩睺罗迦造像大都作蟒蛇形象，但也有作人形的，"日本智正大师圆珍自唐请来之胎藏图像中的'摩睺罗迦'有作人身蛇首的，此外，胎藏曼荼罗中的'摩睺罗迦'也有作庄严妙相的。奈良兴福寺金堂中，有一干漆像，童颜，顶冠卷蛇形，面目表情，天真烂漫可爱。这也是'摩睺罗迦'像之一，看了这个像，令人可想象宋代七夕所供的那'磨喝乐'的美妙"。

日本奈良兴福寺的摩睺罗迦像固然是作天真烂漫之人形，或许可以填补从大蟒神到摩睺罗形象演变的一个缺环，但这个

日本奈良兴福寺的摩睺罗迦像

头顶卷蛇的摩睺罗迦形象仍然与手持七宝、装饰华美的摩睺罗孩儿相去有间，而且，日本佛寺中的造像能否用来说明中土的风俗，也是大可怀疑的。况且，他同样也没有说明，是何因缘，将佛经中的摩睺罗迦与七夕联系起来，并成为中土七夕乞巧筵上的供奉之物。

关于摩睺罗的佛法渊源，除上述两种较为流行之说外，尚有一说，以摩睺罗源于佛典中的罗睺罗。邓之诚《东京梦华录注》在"磨喝乐"一条下，注云："或言摩睺罗即罗睺罗对音。""罗睺罗"（Rahula），汉译佛典又作"罗侯罗""罗怙罗""罗护罗"或"罗云"，相传系佛祖出家前所生的独生子，后为佛祖十大弟子之一。梵语"罗睺罗"意为遮蔽、覆障、障月，因其降生时正发生月食，故取"罗睺罗"为名。一说谓罗睺罗前身为一犯罪仙人，后投胎转生，经六万年方降生出世，故名"罗睺罗"。邓之诚《东京梦华录注》引《阿弥陀经疏》述罗睺罗身世云："罗睺罗者，此云覆障，亦曰宫生。《五百弟子本起经》云：我昔为王……以忘因缘，遂堕黑绳地狱，经六万岁，最后身受胎，六年乃生，故言覆障。谓被胎膜久所覆障也。佛出家六岁，罗睺罗乃生。"罗睺罗为佛祖之子，此说或可以解释摩睺罗塑像何以皆作天真烂漫之童子状，但梵文中"罗睺罗"之发音与"摩睺罗"相去甚远，而且罗睺罗因何因缘与七夕发生牵连，此说也避而不谈，因此也不足为训。

　　杨琳《化生与摩侯罗的源流》则调和以上诸说，一方面，在"摩睺罗"其名的来源上，他采傅芸子说，认为"摩睺罗"一词源于"摩睺罗迦"，两者语音形式最近；另一方面，在摩睺罗其物的来历上，则采邓之诚说，认为其孩童形象，源于佛子罗睺罗。但是，"摩睺罗迦"与"罗睺罗"，在佛经中都有明确所指，两者形象和意义都相差甚远，在佛教盛行的唐宋时期，人们对两者之间的差异必定了然于心，那么，他们又何以会将两者张冠李戴？对此问题，杨文并未给出任何合理的解释。

　　此外，杨琳为了解释摩睺罗的孩童形象，还把它跟始见于唐代的"弄化生"习俗联系起来。"弄化生"是一种求子风俗，晚唐诗人薛能的《吴姬》诗云："自是三千第一名，内家丛里独分明。芙蓉殿上中元日，水拍银盘弄化生。"元杨士弘编《唐音》卷十四收入此诗，题作《宫词》，明人张震注"化生"云："唐《岁时纪事》曰：'七夕，俗以蜡作婴儿形，浮水中以为妇人宜子之祥，谓之化生。本出西域，谓之摩睺罗。今富贵家犹有此。'"这蜡制之婴儿，即所谓"化生"，女人们浮之于水，借以为求子之戏，则谓之"弄化生"。"弄化生"之时日，薛能诗称在七月十五日中元节，《岁时纪事》则称在七夕，七夕与中元，日期相去不远，两者的习俗相互重叠，或一个节日的习俗转嫁到另一个节日，亦有可能，但杨文因为摩睺罗和化生两者形象上之相似，而骤认两者为一物，则未免草率。大概杨氏此说，系受明人张震注薛能《宫词》诗引唐《岁时纪事》之说的启发，但此文中"本出西域，谓之摩睺罗"云云，据其语气，不似《岁时纪事》的口吻，因此，可能并非唐《岁时纪事》原文，而是注者之语（杨文也注意到这一点），故不足以作为证明化生即摩睺罗之凭证，反倒正足以暗示，古人早就因为化生与摩睺罗的相似，而将两者混为一谈了，而杨琳的论述不过是继承了此种混淆而已。

除了《岁时纪事》一文，杨文还援引数则唐以后人诗文，以证其说，其中，似乎最能证明摩睺罗与化生为一者，当属南宋杨万里《谢余处恭送七夕酒果、蜜食、化生儿二首》之一：

> 踉蹡儿孙忽满庭，折荷骑竹臂春莺。
>
> 巧楼后夜迎牛女，留钥今朝送化生。
>
> 节物催人教老去，壶觞拜赐喜先倾。
>
> 醉眠管得银河鹊，天上舣来打六更。

这个在七夕出场的"化生儿"，必属摩睺罗无疑了。但是，实际上，杨万里此诗，只能说明在南宋的时候，人们已经将化生与摩睺罗视为同物，或者，当时的人们已经用"化生儿"这个名称来称呼摩睺罗了，却不足以证明，在最初，两者就是一回事，摩睺罗就是化生儿。如果两者从一开始就是同一种东西，既然早在唐代的时候此物就已经被名以"化生"这个十足中国化的名字，既然早在唐代的时候，"弄化生"这种风俗就已经广为流行，说明"化生"这个名字早已深入人心，众所共知，那么，何以到了宋代，人们反倒要给一个流传已久且早已有了一个十足中国名称的风物重新强加上一个古怪的外来名字"摩睺罗"呢？这委实不合情理。要知道，在《东京梦华录》《梦粱录》《武林旧事》《乾淳岁时记》《岁时广记》等宋人所撰风俗志和岁时记文献中，此物皆被称为"摩睺罗"或"磨喝乐"等，而无一称之为"化生儿"者，这说明，"化生儿"之名，在宋代并不为人所共晓，杨万里诗中，以"化生儿"称呼摩睺罗，很可能只是由于习俗相沿已久，世人已经无从知晓弄化生与摩睺罗的区别，诗人亦为世俗所误，故将两者张冠李戴了。以后的文人，乃至今天的学者，则承袭了这种混淆而执迷不悟。

以上诸说，或以摩睺罗源于佛经摩诃迦罗，或以摩睺罗源于佛经摩睺罗迦，或以摩睺罗源于佛经罗睺罗，虽持论各异，但其路数却同出一辙，都是着眼于"摩睺罗"诸名的发音，到佛典中寻找能够与之对应的、发音相似的名号，佛典中与之名号相似者即被视为其原型。此种就词语之异同考证名物之渊源的方法，用于同一种语言（比如汉语）中容或行得通，但用于两种互不相干的语言中却往往扞格难通。因为一个名号或词语在从一种语言迻译为另一种语言的过程中，由于两种语言的发音、构词法等各有千秋，特别是由于诸如梵语等西域语言作为拼音语言，其中的词语、名号多为长达四五个音节的多音节词，而汉语中的词语多为双音节，人名则至多三音节，所以译经者在将佛典中的名号翻译为汉语时，往往照顾汉语的习惯而将原文的多音节名号掐头去尾截取其中二到三个音节音译为汉名，由于不同的译经者的发音习惯各不相同，其所截取的音节不同，因此原文的同一个名号在不同译经者的笔下，就可能被转换为纷繁歧互的多个名号。佛典名号翻译的错综复杂，是一个众所周知的事实。既然如此，仅仅拘泥于从文字、发音入手考究一个汉语外来语的佛典渊源，就很可能流于郢书燕说，南辕北辙。

况且，宋代以前，自魏晋南北朝以降，直到唐代，随着丝绸之路的开辟，西域商旅、僧侣、使节、移民纷至沓来，除了印度佛法，西域各国，远到波斯、大秦，近到粟特、吐火罗，其宗教、文化并入中土，大秦景教、波斯拜火教和摩尼教等所谓"三夷教"都在中国的文化风俗中留下深深的烙印，凭什么一口咬定"摩睺罗"其名其物必定源出佛教呢？《东京梦华录》

中"'磨喝乐'本佛经'摩睺罗'"一句注语，原为不知出自何人手笔的片言只语，或许只是作者孟元老或者后来的抄手心血来潮之际的想当然之辞，实在不足据为典要，后来者却对此语深信不疑，一味到佛典中讨求摩睺罗的来历，或许从一开始就误入歧途了。

风物长宜放眼量，对于诸如摩睺罗这种显然涉及域外来源的风俗变迁，更应该敞开视野，着眼于广阔的历史文化语境和整体生活背景求索其来龙去脉，一味拘泥于片辞只语咬文嚼字则很可能钻进牛角尖。实际上，上述诸说，存在的一个主要问题，就是"摩睺罗"明明是宋代七夕祭献之供物，摩睺罗也只是作为宋代七夕风物才引起时人关注并被付诸笔墨、载于典籍，纵览宋代以降文献，凡是提到摩睺罗之处，无一不是与七夕有关，因此，只有从宋代七夕风俗这个整体语境着眼，才有希望揭示摩睺罗其物的意义及其来历，但是，迄今为止关于摩睺罗的考证，却偏偏对于其与七夕的关系撇开不谈，此种考证即使偶然臆中，也跟射覆猜谜没多大区别，完全不能增进我们对于摩睺罗其物的文化内涵及其与七夕关系的理解。因为，尽管他们说得振振有词，人们总会问：你说的这些跟七夕、跟七夕的摩睺罗、跟宋代人对于摩睺罗的痴狂又有什么关系呢？

因此我们还是不要跟着前人继续猜谜，直接回到宋人关于摩睺罗和七夕的言说，看看我们能否从中找到曲径通幽的线索。

四、遥远的回响：宋代的摩睺罗与西亚的塔穆兹

宋代七夕风俗与前代相比，涌现出了众多前所未有的新鲜事物，诸如摩睺罗、水上浮、谷板、果食花样、果食将军、种生、双头莲等，摩睺罗只是其中之一而已，这诸般新巧之物在宋代七夕联袂登场，仅只是偶然的邂逅？抑或是它们原本就是三生石的旧因缘？

节令食物是任何节日都屡见不鲜的，果食花样、果食将军也许只是将旧有的七夕节食做成了宋代时兴的新花样，这个我们可以暂且撇开不谈；双头莲与摩睺罗密不可分，是童子们用来模仿摩睺罗的玩物，也可置而不论；至于水上浮、谷板、种生，则别具巧思，实在引人注目。

据《东京梦华录》，"水上浮"为"以黄蜡铸为凫雁、鸳鸯、鸂鶒、龟鱼之类，彩画金缕"，"谷板"为"以小板上傅土，旋种粟，令生苗，置小茅屋花木，作田舍家小人物，皆村落之态"，"种生"为"以绿豆、小豆、小麦，于瓷器内以水浸之，生芽数寸，以红蓝彩缕束之"。"种生"又称"生花盆"，陈元靓《岁时广记》卷二十六引宋人吕希哲（1036—1114）《岁时杂记》云：

"京师每前七夕十日，以水渍绿豆或豌豆，日一二回易水，芽渐长至五、六寸许，其苗能自立，则置小盆中。至乞巧，可长尺许，谓之生花盆儿。亦可以为菹。"诸书皆未说明东京百姓在七夕之际置办这些东西派何用场、目的何在，但以黄蜡塑造水鸟鱼鳖，用小板傅土种植粟苗且装点以人物风景，以菽麦谷种生芽束以红蓝彩缕，如此费尽心思，显然不是作为单纯的玩意儿，自然也不是为了实用。诸般事物，大概就是司马光《和公达过潘楼观七夕市》诗所谓"伪物逾百种"中的几种吧。既为"伪物"（虚拟、模仿以供仪式摆设之物），无实际用处，而且在节日上陈设铺张，其意义自然就在于其仪式作用或象征作用。只有了解了这些事物的象征意义，我们才能真正理解这些事物的文化内涵，而其来历也才会迎刃而解。但是，无论是孟元老，还是司马光，抑或其他作者，对于这些事物，俱言之草草，鄙称之为"伪物"，说明连他们这些当事人自己对于这些事物的深意也茫然不知了。

《东京梦华录》《梦粱录》《武林旧事》的作者旨在追记旧时风俗借以寄托故国幽思，仅满足于为旧时风物留影写照而对其意义不加深究，尚属理之当然，但是，后世的学者尤其是民俗学者，尽管对于东京七夕风俗的繁华光景津津乐道，对于这些在宋代七夕中灵光乍现般的事物却轻轻看过，不予着意，却实属不该。民俗学者大概都是读过英国学者弗雷泽的名著《金枝》的，其实，只要联想到弗雷泽笔下关于"阿多尼斯园圃"的记载，就不会对上述"谷板""种生"的风俗漫不经心了，因为宋代七夕的"谷板""种生"风俗跟弗雷泽再三致意的"阿多尼斯苗圃"风俗太相似了，让人不由不对两者之间的关系深长思之。

弗雷泽的《金枝》是一本众所周知的民俗学名著，这部巨著尽管卷帙浩繁，但其所着力探究的其实只有一个问题，即广泛存在于亚欧老大陆各民族中的、与自然时序密不可分的、旨在祈求和促进农作物丰收的增殖巫术及其神话。

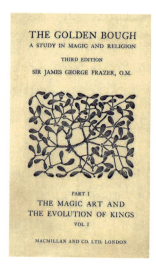

弗雷泽《金枝》书影

弗雷泽发现，在诸如埃及、巴比伦、叙利亚、以色列、希腊、印度等几乎所有古老民族中都流传着一种年轻的神灵死而复生的神话，如埃及的奥西里斯（Osiris）神话、巴比伦的塔穆兹（Tammuz）神话、希腊的阿多尼斯（Adonis）神话等。这些神话尽管在具体细节上各具千秋，但在整体情节上却如出一辙：一位女神爱上了一位年轻俊美的少年，但少年不幸夭折，灵魂沉入阴间，女神伤心欲绝，上穷碧落下黄泉地求索爱人的芳踪，欲其还阳复生。最后在天神的干预下，与冥府之神达成妥协，女神的少年情人得以死而复生，随女神回到阳间。但是，按照女神和冥府达成的契约，在一年之中，他只有在一部分时间里能在阳间逗留，其他时间则必须再次死去，回到阴间与冥府之神做伴。

这些神话把少年情人的死而复生与季节的轮回交替联系起来：少年情人在冬去春来的时候复活，随着他的回归，大地上万物复苏，农民也开犁播种；少年情人的离去则是在收获季节，此时五谷成熟，万物盛极而衰，随之而来的将是草木凋零的秋天和万物死寂的冬天。因此，每当收获时节，人们就会象征性地为这位青春夭折的少年情人举行一场隆重的葬礼，女人们身穿丧服，悲恸伤悼，唱起哀婉多情的挽歌，悲叹少年情人的不幸命运。

此种象征性丧礼上的陈设，除了一具木雕或泥塑偶像，往往还会陈设一些植物，或者是由妇女们亲手培育而成的、种在瓦盆中的谷物和菜蔬，即所谓"阿多尼斯园圃"。神像和植物，都是这位夭折之神的象征。弗雷泽指出，这位神灵，不管是被称作塔穆兹，还是奥西里斯，抑或阿多尼斯，尽管在神话中以女神的少年情人的身份出现，但其实是五谷和植物之神，即所谓"谷魂"或"树精"：

> 阿多尼斯是一个植物神，特别是谷神，人们所谓的阿多尼斯园圃对这一点提供了可能是最好的证据。所谓园圃是指填满土的篮子或花盆，主要或完全由妇女们在里面放上小麦、大麦、莴苣、茴香以及各种花卉，并照管八天。植物受了太阳热能的培养生长很快，但它们没有根，也很快地枯萎下去，八天终结时就把植物和一些死去的阿多尼斯的偶像一起拿出来，把植物和偶像都扔到海里或溪流里。（弗雷泽：《金枝》，徐育新等译，文化艺术出版社，1998年，第497页）

整个哀悼仪式，以追思五谷之神的形式，表现了农耕社会对于季节交替的强烈感受，反映了春耕秋收的农耕生活与盛衰枯荣的自然节律休戚相关。至于女神与少年情人之间缠绵悱恻的爱情故事，不过是这一农时仪式的反映。

作为五谷或植物之符号的"阿多尼斯园圃"，是此种仪式中的重要象征物，其渊源非常古老。弗雷泽认为，在埃及托勒密王朝（公元前305—前30）一座奥西里斯神庙的墙壁铭文中，就有关于奥西里斯葬仪以及"阿多尼斯园圃"的生动记载：

> 埃及的十六个省里，每逢奥锡利斯的节日都举行他的葬礼……这个葬礼前后共十八天，从荷阿克月的十二日到三十日，分三个方面表现奥锡利斯：死亡、肢解、最后将他四散的肢体拼合起来……用沙或菜园土和谷物做一个神的小像，有时加上香料，把他的脸涂成黄色，颧骨涂成绿色。这些像是在一个纯金的模子里塑出来的，模子的神像是一个木乃伊的形体，头上戴一顶埃及的白色王冠。节日从荷阿克月的第十二天开始，同时举行开犁播种仪式……一个男孩撒种。田的一头种大麦，另一头种小麦，当中种亚麻。操作中，主持仪式的人颂念"种田"的经文。在布锡利斯，人们在荷阿克月的十二日那天把沙和大麦放在神的"园圃"里。这个"园圃"好像一个大花盆。这是在母牛女神山蒂的面前做的，似乎是用一个母牛偶像代表，系用一种金色的埃及榕树做成，牛里面放一个无头的人像。"然后，用金色的花盆把新鲜泛滥的河水倒在女神和'园圃'上，种上大麦，作为该神葬入地下后复活的徽号，'因为园圃的生长就是神的生命的生长'。"在荷阿克月二十二日，八点钟的时候，所有奥锡利斯的神像，在三十四个神像的簇拥下，

一起坐上纸莎草扎的小船，举行神迹航行，用三百六十五盏灯照亮所有这些小船。在荷阿克月二十四日，日落之后，人们把桑木棺材里的奥锡利斯偶像放进坟墓里，当夜九点，把头年做好保存起来的偶像拿出来，放在埃及榕树的树枝上。最后，在荷阿克月三十日，他们到圣棺殿里去……把装在棺材里的死神偶像恭恭敬敬地放在屋里的一片沙地上。（《金枝》，第544页）

直到弗雷泽的时代，在欧洲的很多地方，"阿多尼斯园圃"的遗风犹存：

撒丁岛上至今还种植阿多尼斯园圃，这与盛大的仲夏节有着联系。仲夏节也叫圣约翰节……到五月末，女孩就用软木树皮做一个花盆，装上土，里面种一些小麦和大麦种子。花盆放在太阳下面，常常浇水，种子发芽很快，到仲夏节的头一天已长成很好的一兜……圣约翰节的那天，小伙子和姑娘都穿上他们最好的衣服，后面跟着一大串人，前面是蹦跳嬉闹的孩子，摆成长队到村外的一所教堂里去。把土盆在教堂门上砸碎，然后他们在草地上坐成一圈，在笛子奏出的乐声中吃着鸡蛋和野菜……在奥泽里，这习俗的做法又别有特点。在五月里用软木树皮做好盆子，种上谷种……然后在圣约翰节的头一天，窗台上挂起华丽的布幔，花盆就放在窗台上，盆上面用红蓝绸子和各种绸带装饰着。从前，每一花盆上都放一小像，或一个妇女打扮的布娃娃，或是一个面团捏的生殖神像……村里的青年人列队到处观看花盆和花盆的装饰，并等待着村里的姑娘，姑娘们都集合在公共广场庆贺节日……在这些撒丁岛和西西里岛的仲夏习俗中，很可能像 R.吴希先生设想的那样，圣约翰代替了阿多尼斯。（《金枝》，第 544 页）

这一仪式和神话的主人公，在埃及被称为奥西里斯，在叙利亚和希腊被称为阿多尼斯，在近代欧洲民间被称为圣约翰，而在美索不达米亚则被称为塔穆兹。美索不达米亚的塔穆兹崇拜，渊源非常古老。就已知的考古发现而言，塔穆兹的名字最晚在美索不达米亚第一王朝的第三时期（前 2600—前 2334）已见于记载。塔穆兹的名字在早期苏美尔语中作 Damu-zid，在后期苏美尔语中作 Dumu-zid，在阿卡德语中又演变为 Tammuzi，都意为"纯洁的少年"。

在巴比伦神谱里，塔穆兹是淡水或灌溉用水之神恩基（Enki）的儿子，因此，"塔穆兹"又有"真正的儿子"的意义。水是

《阿多尼斯的花园》（John Reinhard Weguelin，1988，现藏英国北安普顿博物馆和美术馆）

农业的命脉，是万物生长所必需，在干旱少雨的美索不达米亚地区尤其如此，农业和植物之神塔穆兹与淡水之神恩基之间的父子关系，象征了水对于农作物生长和农业丰收的意义。

在近世出土的巴比伦泥巴文献中，保留了大量关于塔穆兹的神话，著名的神话史诗《伊什塔尔下冥府》，说的就是塔穆兹死而复生、去而复归的故事。

伊什塔尔（Ishtar）在巴比伦神话中是丰收女神，又是爱情女神，因此又被视为妓女的保护神，每天拂晓和黄昏升起在地平线上空的星光柔和的金星（晨昏星）就是她的象征。她和塔穆兹是一对倾情相恋的爱人。这个神话讲的是，塔穆兹被冥府女神艾里什基伽尔（Ereshkigal）扣留于冥府之中，伊什塔尔想念自己的恋人，为救他重生独闯阴间。冥府是死神的领地，里面暗影重重，死气沉沉，"那里，尘土是他们的开销，污泥是他们的食品，那里他们不见灯光，常在黑暗里居住"。冥府有七重门，按照冥府的规矩，伊什塔尔每过一重门就要脱去身上的一件饰物。她通过了七重门，依次脱去了冠冕、耳坠、项链、玉腰带、胸饰、手镯脚环，最后，通过第七道门时，连最后一件贴身的亵衣也不得不脱掉。伊什塔尔进入冥府，一丝不挂地站在冥府女王面前，向她讨还塔穆兹。冥府女王感到自己受到了冒犯，为了惩罚她，不仅没有给她能够让人死而复生的生命之水，反而把她也变成僵尸深锁于阴间。自从伊什塔尔被囚禁于冥府，大地上的一切都失去了生机，"公牛不再跳到母牛的身上，公驴不使母驴怀胎。街市上男人不再使处女怀孕。男人睡在他自己的房间，少女也独守空房"。天上的主宰埃阿（Ea）眼见世间生命濒于灭绝，急命冥府女王放人。冥府女王只好从命，把盛着生命之水的袋子送给伊什塔尔，伊什塔尔用生命之水救活了她的少年情人塔穆兹，"用纯水将他洗净，以香膏涂抹他，给他穿上大红的衣服，让他吹响他的玉笛"，并带着他离开阴间，重归人间，大地上的万物因为塔穆兹的归来，重新恢复了生机。

在这个神话的另外一个较早的版本《伊南娜下冥府》里的说法则稍有不同。这个故事说，生命之神伊南娜（伊什塔尔的另一名字）跟自己的姐姐冥府女王艾里什基伽尔争夺冥府的统治权，被艾里什基伽尔变成死尸留在阴间。主宰之神埃阿命她放人，冥府女王要求伊南娜找到替身才可放她。伊南娜点遍众神，但众神都不愿做她的替死鬼，她最后只好让恋人塔穆兹顶替自己。塔穆兹被囚冥府，她的姐姐到处寻找他，最后发现他沉沦冥府。她苦苦哀求，冥王最后只好答应，让她与塔穆兹轮值当班，各有半年在阴间、半年在人间。塔穆兹在阴间的半天，大地上就是万物衰亡的冬天，而他回到人间的半年，则是万物繁茂的夏天。

熟悉希腊神话的人，立刻就会从这个神话联想到希腊爱神阿芙洛狄忒与情郎阿多尼斯的故事。阿多尼斯是个美少年，阿芙洛狄忒对他一见倾心，爱神怕他被其他女神抢走，就把他藏在一个箱子里，交给冥府女王珀耳塞福涅看护。珀耳塞福涅不顾阿芙洛狄忒的警告，私自打开盒子，也对阿多尼斯一见钟情，拒绝把美少年还给阿芙洛狄忒。两位女神争执不下，最后告到宙斯御前，宙斯倒也公允，判阿多尼斯每年各跟每位女神在一起待三分之一的时间，余下的三分之一时间则让阿多尼斯自己决定，阿多尼斯自然更愿意陪伴风情万种的阿芙洛狄忒多。于是，阿多尼斯每年就有三分之二的时间跟阿芙洛狄忒待在一起，其他三分之一的时间则陪冥府女神待在阴间。

阿多尼斯与塔穆兹一样，也是美少年，也是青春和春天的象征，他的情人阿芙洛狄忒则跟伊什塔尔一样，也是繁育和爱情之神，也是妓女的保护神，她的象征也是美丽的金星，阿芙洛狄忒的罗马名字维纳斯（Venus）就意谓金星。阿多尼斯/阿芙洛狄忒的神话与塔穆兹/伊什塔尔的神话无论在故事情节上还是人物的象征意义上，都若合符节，所以弗雷泽等神话学家断定，前者就是后者传入希腊之后演变的结果。

基督教《圣经》中也有关于以色列民族哀悼塔穆兹的风俗的记载。《旧约·以西结书》第八章载：

> 他（耶和华）领我（以西结）到耶和华殿外朝北的门口，谁知那里有妇女坐着，为搭模斯（即塔穆兹）哭泣。他对我说："人子呵，你看见了么，你还要看见比这更可憎的事。"他又领我到耶和华殿的内院，谁知在耶和华的殿门口、廊子和祭坛中间，约有二十五个人，背向耶和华的殿，面向东方，拜日头。他对我说："人子呵，你看见了么？犹

大家在此行这可憎的事，还算小么？他们在这地遍行强暴，再三惹我发怒，他们手拿枝条举向鼻前。"

　　塔穆兹与伊什塔尔死而复生、悲欢离合的故事，在巴比伦，每年都以节日庆典的形式周而复始地上演。根据考古资料的记载，巴比伦人一般在夏至前后举行哀悼塔穆兹的仪式。夏至之后，是美索不达米亚地区的收获季节，也是伊什塔尔女神与少年情郎塔穆兹生离死别的时候。每到此时，巴比伦的女人们就会模仿女神的样子，身穿丧服，唱起如泣如慕的挽歌，悲悼这位芳龄夭折的情郎。出土于尼普尔城的泥板上记录了如下的哀歌：

　　　　"哦！塔穆兹！甘言如饴的塔穆兹！美目善睐的塔穆兹！"她暗暗啜泣。"哦！甘言如饴的你！美目善睐的你！"她放声悲啼。"我的情郎！我的亲夫！我的主人！如椰枣般甘甜……哦！塔穆兹！"她大放悲声，泣涕如雨。

　　整首挽歌，其实就是一阕女人悼念亡夫的哭丧辞，现代考古家发掘了大量的此类针对塔穆兹之死的挽歌，此种塔穆兹挽歌后来发展成古巴比伦文学的一个重要的抒情诗体。实际上，这个节日就是一场象征性或模拟性的葬礼。根据出土文献的记载，节日期间，人们会排成长队，来到沙漠里，为死去的塔穆兹收捡尸骸。公元前7世纪，在亚述王国的一些城市中，节日期间，举行悼念仪式的现场会摆放一张灵床，接受人们的吊唁，灵床上不是躺着塔穆兹的尸首，而是摆设着一些象征塔穆兹这位植物之神的植物，以及蜂蜜和各种各样的食物。

在古希腊，悼念阿多尼斯的节日也是在夏至举行的。每年夏至前后，希腊的恋人以及妓女会在家中屋顶的凉台上，布置精心培育的阿多尼斯花园，举行阿多尼斯祭，借以纪念阿芙洛狄忒和阿多尼斯的爱情。柏拉图在对话录《斐德若篇》就提到雅典人在夏天祭献阿多尼斯花园的习俗：

> 如果一位聪明的农人有了种子，是他所珍惜的而且希望它们结实，他是否趁着大热天把它们种在阿多尼斯的小花园里，看它们到了第八天就长得顶茂盛呢？若是他这样做，是不是因为逢到祭典，当作一种娱乐来玩呢？若是他认真耕种，他是否要应用园艺的知识，把他们种在合宜的土壤里，安心等到第八月才它们成熟呢？（《柏拉图文艺对话录》，朱光潜译）

朱光潜先生在其翻译的《柏拉图文艺对话录》这一段译文

后，特加注释道："他（阿多尼斯）象征植物的生死循环，古代农业社会所以特别看重他的祭典。在这祭典中，农人用人工在盆里培养一些花木，几天之内就茂盛起来，但死得也很快。"塔穆兹或塔穆兹的盛年夭折，就是象征夏至之时万物的盛极而衰。

由于塔穆兹祭是在夏至之际举行的，所以，在巴比伦历法中，夏至之月就被命名为塔穆兹，塔穆兹也就成了这个月的月神。古代巴比伦历法以春分为岁首，塔穆兹月为第四个月，由于夏至在西历的 6 月 21 日或 22 日，所以巴比伦历的塔穆兹月相当于西历 6（June）、7 月（July）之交。

后来的阿拉伯世界，仍沿袭巴比伦，将其历法中的第四个月命名为塔穆兹月，并且仍在此月举行塔穆兹祭。在 7—9 世纪之间的阿拉伯文献中，都有关于在塔穆兹月举行塔穆兹祭的记载。根据阿拉伯学者 Ibn Wahshiyya（约 9—10 世纪）的记载，直到他的时代，居住在哈兰（Harran）和巴比伦的赛伯伊人（Sabaeans）依然在每年的（西历）7 月 1 日开始举行哀悼塔穆兹之死的祭仪，尽管当时的人们已经不知道这种风俗的来历了。公元 10 世纪的阿拉伯学者奈丁（al-Nadim）在其名著《群书类述》（Kitab al-Fihrist）中转引了一本记述叙利亚历法和节日的著作，其中也提到，叙利亚人在每年的塔穆兹月的月中，举行一个称为 Tâ'ûz 的节日。在这个节日上，女人们聚集在一起，哀哭悲悼死去的塔穆兹，传说他是被他的主人害死的，"他的骨头被用石磨碾碎，簸扬到了风中"，因此，节日期间，妇女们不吃碾过的粮食，以志对塔穆兹的哀思。塔穆兹为谷物和植物之神，其尸骨被碾碎的故事，折射的是秋收碾谷脱粒的农事。而根据另一位阿拉伯学者 Ibn Athir 的记载，直到他的时代，即 11 世纪，在第比利斯地区，这一节日遗风犹存，时间仍在 7月（同上）。一种与民众生活和自然节律息息相关的习俗，总能穿越岁月的长河而长久流传。

经过这一番对于欧亚大陆西端的塔穆兹—阿多尼斯祭祀习俗的巡礼，再回过头来端详欧亚大陆东端的七夕风俗，两者之间的相似性可谓一目了然。第一，两者都要陈设种在盆盆罐罐中的植物嫩芽，西方称之为"阿多尼斯花园"或"阿多尼斯园圃"，宋代人称之为"种生""谷板"或"生花盆"。不管是西方的阿多尼斯花园，还是东方的种生，都被人们用彩色缎带精心捆束装饰，显然不是为了园艺栽植，其仪式和象征意味不言而喻。第二，两者都要陈设一个少年之神的偶像，在西方，此神被称为奥西里斯（埃及）、阿多尼斯（希腊、叙利亚）、塔穆兹（巴比伦），在中国，则被称为摩睺罗。

五、古道西风：中亚七月"哭神儿"

西亚的塔穆兹与中国的摩睺罗，两者具有如此明显的相似性，会是纯粹巧合吗？或者，两者之间居然存在着历史的渊源吗？两者一在欧亚大陆亚洲部分的西端，一在欧亚大陆的东端，中间横亘着巨大的时空距离。一种滥觞于上古西方的风俗，如何能够穿越这巨大的时空天堑，竟而至于泛滥于东方的宋都汴梁，这实在是不可思议。

但是，如果我们能够在这两者之间找到一个跳板，这巨大的时空差异，也许就不会像乍看起来那样令人望而生畏了。

唐代史学家杜佑的《通典》卷一百九十三中记载的一段文字，就为我们跨越这一文化时空的天堑提供了一个中介：

> 康国人并善贾，男年五岁则令学书，少解则遣学贾，以得利多为善。其人好音声，以六月一日为岁首。至此日，王及庶人并服新衣，剪发须，在国城东林下，七日马射。至欲罢日，置一金钱于帖上，射中者则得一日为王。俗事天神，崇敬甚重，云神儿七月死，失骸骨。事神之人，每

至其月，俱着黑迭衣，徒跣，抚胸号哭，涕泪交流。丈夫、
妇女三五百人，散在草野，求天儿骸骨。七日便止。

杜佑注明，这段文字引自韦节《西蕃记》，韦书已经散失，流传下来的只有这一段。韦节是隋时人，隋炀帝时任侍御史。大业元年（605），亦即隋炀帝即位翌年，韦节奉炀帝之命与司隶从事杜行满一道出使西域，《隋书·西域列传》载："炀帝时，遣侍御史韦节、司隶从事杜行满，使于西蕃诸国。至罽宾（今阿富汗加兹尼一带），得码碯杯，王舍城（今阿富汗瓦齐拉巴德）得佛经，史国（今乌兹别克斯坦东南部沙赫里夏勃兹一带）得十舞女、师子皮、火鼠毛而还。"《西蕃记》一书当是韦节出使回国后追记西域见闻所撰述。

韦节在这段文字中提到西域康国的七月祭天习俗。按照当地传说，天神之子（神儿、天儿）死于七月初，因此，每年此日，当地百姓都会身穿丧服（黑迭衣），打着赤脚，抚胸捶首地伤心恸哭，表达对神儿的哀思。人们成群结队地来到草原上，搜寻枯骨，说那是神儿的遗骨。韦节虽未明言如此收集起来的枯骨被如何处理，但可以想见，这些骨头既然被当成天儿的遗骨，肯定是被隆重地安葬了。

康国的这一风俗，立刻就会让我们联想到西亚的哀悼塔穆

兹仪式。

康国人称他们悼念的神为"神儿"或"天儿"，可见这是一个在年轻的时候就死去的神，塔穆兹（奥西里斯、阿多尼斯）也是年纪轻轻就夭折的神；康国人为哀悼神儿而抚胸号哭，巴比伦（叙利亚、埃及、希腊）人也为哀悼塔穆兹而哀恸哭诉；康国人说神儿死时，尸骨不见了，因此在四野寻找其骨殖，在埃及神话中，奥西里斯被塞特肢解，他的情人伊西斯也是到处奔走，找回他的尸体重新拼凑起来，在叙利亚，传说塔穆兹的骨头被人用石磨碾碎，簸扬到了风中，因此叙利亚的妇女在这天禁食磨碎的谷物。由此可见，中亚的哭神儿风俗与西亚的悼念塔穆兹风俗，在各个环节上都如出一辙。西方学者如亨宁（W. B. Henning）、马尔沙克（B.I.Marshak）等都注意到韦节《西蕃记》所记康国哭神儿风俗与西亚塔穆兹风俗之间的联系，但是，对这一风俗与中国七夕风俗之间的关联，他们都未加留意。

韦节《西蕃记》所说的康国，是中古时期的中亚国家，其地在今乌兹别克斯坦，位于锡尔河至阿姆河之间。中国史书中，中亚两河地区的康国、安国、曹国、石国、米国、何国、史国、火寻国、伐地国等并称"昭武九姓"，这是一些由粟特民族建立的小国，以康国为最大，在历史上长期归属于波斯帝国的势力范围。粟特语属于印欧语系的东伊朗支，粟特人主要信仰琐罗亚斯德教（Zoroastrianism）。琐罗亚斯德教是由波斯先哲琐罗亚斯德（前628—前551，中国史书称之为苏鲁支）创立的古老宗教，它以阿胡拉·马兹达（Ahura Mazda）为最高神，以善恶二元论为核心教义，并融合了波斯、粟特、巴比伦等西亚、中亚诸民族的原始信仰。琐罗亚斯德教，即中国史书所谓祆教，因崇拜圣火，故又称拜火教、火祆教。

祆教在波斯萨珊王朝（226—650）时期盛行于中亚粟特地区，玄奘往印度取经，曾途经康国，《大慈恩寺三藏法师传》载："五百余里，至飒秣建国，此言康国，王及百姓不信佛法，以事火为道。""事火为道"，显属拜火教。唐朝时的新罗僧人慧超西行天竺，途经中亚，他在《往五天竺国传》中亦记载："从大食已东，并是胡国，即安国、曹国、史国、石骡国、米国、康国……总事火祆。"康国等粟特国家地处欧亚大陆的核心地带，是欧亚大陆文化交流的"十字路口"，粟特人又素以善于经商闻名于世，中国史书中所谓"胡商"，主要就是指粟特商人，他们在古代世界以"丝绸之路"为主的东西方贸易中，扮演着主要的角色，"利之所在，无所不至"的粟特商人在游走中国经商之同时，自然也会将祆教等波斯宗教及其信仰、文化和风俗传入中国。韦节《西蕃记》所提到的七月哭神儿风俗，就与祆教有关。

波斯帝国与两河流域地域毗邻，因此不可避免地承受了巴比伦文化的浸染，波斯祆教历法，就深受巴比伦历法的影响。巴比伦历法用每个月所祭之神的名称作为月名，比如说，举行塔穆兹祭的夏至月，即名为塔穆兹月。波斯历法则将巴比伦历法的月名改成了祆教的神名，例如，将塔穆兹月改为特里月（Tiri），Tir 是祆教的雨神，但是，考古发现证明，中古时期粟特地区在施行波斯祆教历法的同时，却保留了巴比伦的月名，也就是说，波斯历法的特里月，在粟特地区仍称为塔穆兹月，这暗示，在粟特地区存在塔穆兹祭。

现代考古发现就提供了粟特地区祆教文化中塔穆兹祭风俗的见证。1948 年，苏联考古学家在今塔吉克斯坦片治肯特城附近发现了一座古代城市遗址，遗址的祆教神庙中有众多的壁画。其中二号神庙大厅中一幅绘于公元 6 世纪（相当于隋唐之际）的壁画中，描绘了一个哀悼场景，画面中的主要人物是一位女性，她的身边还有其他几个人物，众人或立或坐，环绕着一具躺在灵床上的尸体。这一绘于神庙壁画中的哀悼场景必非一般的葬礼，而是某种宗教仪式的再现。联系韦节所记康国的哭神儿风俗，学者们认为这一场景就是当时流行于中亚地区的哀悼塔穆兹的写照。

出土文献也为此提供了有力的证据。在一件发现于新疆的以粟特语写成的摩尼教经文残卷（Manichaean fragment M 549）中，用一种谴责的口气提到一个在桥上举行的悼念场景，称："有妇人娜娜，携众女伴，行于桥上，摔碎瓦罐，大放悲声，嚎啕不止。众女撕碎衣裳，撕扯头发，匍匐哀泣于尘土之中。"学者认为此文亦是哀悼塔穆兹仪式的写照，哭丧队伍之为首者名为娜娜（Nana），即娜娜女神，则是巴比伦的伊什塔尔女神在中亚宗教中的翻版。传世文献和出土资料相互印证，足以证明，至迟在隋代，哀悼塔穆兹的风俗已经由祆教从西亚流传至中亚。如此一来，沿着丝绸古道，伴随客商行旅，继续东传，传入东土大唐，正如顺水推舟，可谓是水到渠成的事情了。

中古时期的中亚也流行祭献塔穆兹或阿多尼斯偶像的风俗。花剌子模（Khwarezm）是阿姆河上游的一个绿洲国家，花剌子模语与粟特语相似，属于伊朗语东部语言。花剌子模人也信奉祆教，有些学者认为，花剌子模就是传说中的琐罗亚斯德的出生地。根据中古时期乌兹别克斯坦伟大学者比鲁尼（Muhammad ibn Ahmad Biruni）的记载和现代考古发现，花剌子模施行祆历，与波斯、粟特历法相似，其月名和日名也跟波斯、粟特历法一样，用祆教中诸神命名，据此可知，花剌子模应该与波斯、粟特有相同的节日风俗。花剌子模在各地考古中，发现了一些泥塑的祆教女神安娜希塔（Anahita）塑像和西雅乌施（Siyawush）塑像。安娜希塔是祆教中的水神和繁育之神，相当于巴比伦宗教和神话中的伊什塔尔。西雅乌施是伊朗古代神话中的英雄和半神式人物，在花剌子模传说中，他是花剌子模第一王朝的缔造者，因此在花剌子模深受崇拜，对他的崇拜仪式被融汇进了当地的新年风俗当中。苏联民族学家、考古学家托尔斯托夫在《古代花剌子模文明》一书中指出，古代花剌子模有一种风俗，在每年新年之日将泥塑的西雅乌施神像毁坏重塑，这种风俗很容易让人联想到西亚地区打碎阿多尼斯塑像然后重塑的做法。总之，文献记载及考古发现皆证明，塔穆兹祭的各个环节在中亚地区皆有迹象可循。

尤其值得注意的是，韦节《西蕃记》称："神儿七月死……事神之人，每至其月……求天儿骸骨，七日便止。"中亚的哭神儿节是在七月一日开始，历时七天，到七月七日结束，其结束之日恰与中国的乞巧节是同一天。这种节期上的巧合，正可谓天作之合，入华的粟特人在中国的乞巧节这天举行哭神儿或塔穆兹祭仪式，因此也就水到渠成地将其哭神儿或者塔穆兹祭风俗嫁接到了中国的七夕节。

中亚粟特国家的哭神儿风俗，一边连着大陆西端的塔穆兹，一边连着大陆东端的七夕摩睺罗，将两个隔着遥远时空的文化紧紧地联系在一起。

西域的塔穆兹祭或哭神儿节与中土的七月七乞巧节风俗，源于完全不同的文化土壤，两者在风俗行事上的差别是显而易见的。但是，两种文化的相遇，往往同两个人的相遇一样，"心有灵犀一点通"，西域的塔穆兹祭和中土的七夕之间，正具此般灵犀——两个节日，都笼罩着浓郁的伤感色彩；两个节日背后，都流传着痴男怨女悲欢离合的故事。西方的塔穆兹节背后，有女神伊什塔尔（伊西斯、阿芙洛狄忒）与少年郎塔穆兹（奥西里斯、阿多尼斯）生离死别的爱情故事；中国的七夕节背后，则是天上的织女与人间的牛郎悲欢离合的爱情故事。西方女神与其情郎在短促的春天里春风一度之后即匆匆离别，随后就是漫长的等待；中国的仙女与其情郎也只能在七夕之夜"金风玉露一相逢"，除此之外的漫长日子里，则只能天各一方，"盈盈一水间，脉脉不得语"。正如伊什塔尔对于塔穆兹的思念，激发了古巴比伦人对于爱情的思绪，写出了大量缠绵悱恻的塔穆兹哀歌，自古至今，中国的文人骚客也借牛郎织女的爱情故事寄托幽思绮怀，吟咏男欢女爱，留下了大量伤感哀艳的织女诗、七夕词，两个节日，因此分别成为各自民族最伤感和富于诗意的节日，在各自大相径庭的文化语境中，却具有了声气相通的意义和情调。

正是由于两个节日之间的这种声气相通，再加上两者在时间上的巧合，才使它们一拍即合，而外来节日的风俗、节物，如神儿偶像、阿多尼斯花园等诸般新奇之物，才得以跻身中国的七夕拼盘，与土生土长的乞巧针、鹊桥、彩楼并列杂陈，相映成趣。

由于文化背景的改变，一种文化中的风俗、仪式或事物在融入另一种文化之后，不可避免地与原来的语境相剥离，入乡随俗，移步换形，被重新塑造和命名，被赋予新的意义。来自西域的阿多尼斯花园和塔穆兹 / 阿多尼斯偶像，在登上中国七夕的这个新戏台之后，也经历了这般脱胎换骨的变化。阿多尼斯花园变成了装点着田舍人物的"谷板"和种在瓷器中的雅致的"种生"，其原有的名字被完全忘记了。在西亚和中亚，阿多尼斯偶像在被哀悼完毕之后，就会被打碎埋进坟墓或者抛入河流、泉水之中，象征塔穆兹 / 阿多尼斯被死神带往冥府，而到了中国的七夕，则被郑重其事地盛加装点，雕金镂彩，七宝点缀，成为人们竞奢靡财的节供玩意儿，而且，还改名换姓，得了一个新的名头叫"摩睺罗"。

那么，这个新名头是何来历呢？为了说明这一问题，我们需要从中亚粟特人哭神儿节的仪式与神话谈起。

六、"摩睺罗"与波斯雨神节

"哭神儿节"只是韦节这个中国人对于康国七月节的称谓，实际上，这个在塔穆兹月或特里月举行的节日，在巴比伦叫塔穆兹，在波斯则叫特里甘节（Tiregān），特里甘节是波斯的重要的传统节日之一，其主要功能跟塔穆兹节一样，也是祈雨，其所祭祀的神，在巴比伦是塔穆兹，在波斯则是祆教神话中的雨神提什特里雅（Tishtrya）。

在巴比伦神话里，塔穆兹是淡水或灌溉用水之神恩基的儿子，因此，塔穆兹 / 阿多尼斯崇拜从一开始就与雨水密不可分。地中海地区的人们在哀悼塔穆兹 / 阿多尼斯的仪式结束后，将其偶像抛入水中，也与祈雨有关。在巴比伦、叙利亚、希腊等地区，这一仪式就是在夏至前后举行的，夏至正是农作物生长需要充沛雨水的时候，所以很多民族都有在夏至前后祈雨的风俗。

巴比伦历法用当月所行之仪式或所祭之神命名此月，因为夏至之月是举行塔穆兹祭之月，因此，此月就得名塔穆兹月。波斯祆教也用当月所祭之神或所行之仪式命名月份，波斯祆历借用了巴比伦历，却用祆教的神名取代了巴比伦的月名。巴比伦历中的第四个月塔穆兹月，到了波斯历法中就被称为特里月。特里的月名源于波斯雨神之名"提尔"，因此，相比巴比伦历，波斯历的此月之名虽更，其义则犹存，特里月仍是雨神之月和祈雨之月。

波斯的雨神提尔，在帕拉维语中称为蒂什塔尔（Tishtar），在祆教经典《阿维斯塔》中则称为提什特里雅（Tishtrya）。《阿维斯塔》中的《蒂尔·亚什特》（意为蒂尔颂）是献给提什特里雅的颂歌，其中保存了大量向此神祈求甘霖和丰收的颂词，称颂他"孕育着水的胚胎，他强大、威严、充满活力"，"无论死水、活水，还是源泉、溪流，抑或雪和雨，全都对他情有独钟"。《蒂尔·亚什特》还记载了雨神蒂什塔尔（即提什特里雅）与旱魃阿普什（Apush，又称阿沙沙 Apaosha）之间的一场宇宙大战："威严的蒂什塔尔化作一匹金耳朵的白骏马，戴着镶金辔头，降落到法拉赫·卡尔特河。""但见旱魃阿普什摇身变成一匹秃耳朵、秃颈、秃尾巴的黑秃马，一匹狰狞可怖的黑秃马，迎上前来。"双方鏖战了三天三夜。旱魃阿普什一时得手，击败了威严的蒂什塔尔。落败的蒂什塔尔向天神阿胡拉·马兹达呼吁，称如果他失败了，江河和植物都将落入悲惨的境地。马兹达遂按照蒂什塔尔的要求，命百姓向蒂什塔尔献祭，献上"十匹马、十只骆驼、十头牛、十座山和十条适于航行的大河之力"。吃饱喝足、恢复元气的蒂什塔尔重新披挂上阵，再次变作一匹白骏马，与变作黑马的旱魃阿普什重新开战，"双方鏖战三天三夜，威严的蒂什塔尔终于获胜，击败了旱魃阿普什"。雨神获胜，江河、植物皆载欣载欢："大地呀！喜笑颜开吧！各地的江河之水畅通无阻，把大粒种子送往农田，把小粒种子送往牧场，一直流向世界的四面八方。"

在波斯帝国，每到特里月的特里日（13 日），人们都要举行盛大的祈雨节，即特里甘节。节日期间，人们来到河边泉畔，载歌载舞，沐浴戏水，男子们分队射箭竞艺，青年男女们相互泼水为戏，颇像我国云南傣族的泼水节。

10 世纪的伟大学者乌兹别克斯坦人比鲁尼在其《古代民族编年史》一书中记载的一个传说，解释了这个节日的来历：

> 每逢特里月之 13 日，亦即特里日（Tir-Roz），是为特里甘节，此节之名，即得自其月、日之名。此节之来历，世有两说。一说谓，当埃兰沙赫尔（Eranshahr）败于阿夫拉西亚伯（Afrasiyab），曼努切赫尔（Manuchehr）王困守于陀拔斯单（Tabaristan）。阿夫拉西亚伯迫曼努切赫尔降顺。曼努切赫尔欲降，但祈请阿夫拉西亚伯归还其一箭之

地，聊以栖身。其时，名曰亦思番达尔麻德（Isfandarmadh）之仙人目睹其事，据阿维斯塔经，此仙人实为制作弓箭之巧匠。王请仙人赐弓箭。仙人遂遣一高贵睿智之壮士，名曰阿雷什（Arash）者，往取弓箭，并命其司射。阿雷什脱衣裸袒，礼于王前，誓曰："呜呼吾王！请察吾体，并无毫发之伤，亦从无病患。吾诚知此箭一旦射出，吾身将瓦碎，命归黄泉。然为王效命，纵使肝脑涂地，亦在所不辞。"言毕，即穷其平生之力，引弓发矢。神箭甫发，壮士应声匍地，身体散为碎片。风神运风，载箭而行。神箭御风远行，自罗延山（Ruyān）山，直至呼罗珊极远之境，坠于拔汗那和陀拔斯单间一巨木之上。此木之巨，实世间所仅见。自箭之始发至箭之坠处，足有 1000 法尔沙赫之远。阿夫拉西亚伯与曼努切赫尔既有约在先，追悔莫及。两王就此立约，从此各守疆界，互不侵犯。后人遂立此节，以志其事。

当其困处，曼努切赫尔及埃兰沙赫尔城百姓乏粮断炊，其时新谷未登，城中百姓无从磨粉焙饼，只得采田间新麦及瓜果，聊以充饥。此后，食新麦与瓜果，遂成此节之惯例。一说谓，此节历时两日，特里日（Tir-Roz）为射箭之日，神箭坠地之讯至翌日方达，是为告矢日（Gosh-Roz），后人遂以特里日为小特里甘节，以告矢日为大特里甘节。每至特里日，国中人家即击碎炊缶，捣毁火灶，盖因其日为解脱阿夫拉西亚伯之蹂躏而重获自由之日云。

这一故事并未提及特里甘节与祈雨的关系，但是，这个故事的另一个版本则说，当时图兰将军阿夫拉西亚伯与伊朗国王曼努切赫尔相争之时，图兰国内正苦于干旱少雨，在神箭手阿雷什射箭立约、平息两国之间的争端之后，甘霖也一时并臻。此说显然旨在解释特里甘节祈雨风俗的来历。

节日传说旨在解释节日风俗的意义和来历。比鲁尼是10世纪的中亚学者，他在书中所记录的这个特里甘节起源传说，自然反映了他的时代以及不久之前中亚地区的特里甘节风俗。故事中提到的特里甘节期间，百姓捣毁火灶，打碎炊缶，不食磨制而成的面粉所制之食物，而只吃未熟的新麦和瓜果，都与西亚塔穆兹节的风俗类似。特里甘节前后，正是新麦欲熟、瓜果飘香的季节，在丰收之前食新麦，是很多民族都有的尝新风俗。而此时正是农作物成熟需要充沛雨水的季节，因此要举行祈雨节为庄稼求甘霖。

粟特国家地处中亚内陆，干旱少雨，因此，特里甘这个以祈雨和祭祀雨神为主旨的节日，在当地必定深受重视，乃至在中古时期中国史书的西域志中留下了印记。《隋书·西域列传》

记载曹国"有得悉神"，并述其祭祀此神的风俗云："自西海以东诸国，并敬事之。其神有金人焉。金破罗，阔丈有五尺，高下相称。每日以驼五头、马十匹、羊一百口祭之，常有千人食之不尽。"《新唐书·康国传》所记，亦可与之相参证："西曹者，隋时曹也……东北越于底城有得悉神祠，国人事之。有金器具，款其左曰：汉时天子所赐。"曹国，在今乌兹别克斯坦的撒马尔罕西北，与康国同属所谓"昭武九姓"。据学者考证，隋、唐二史所谓"得悉神"，即粟特文中作 txs'yc。至于得悉神之身份，有人根据康国哭神儿习俗，断定其为塔穆兹，另有学者则根据中亚出土神像中此神之手持弓箭的形象断定其为提什特里雅神。

其实，不管将"得悉"释为塔穆兹，还是释为提什特里雅，对于粟特宗教和风俗而言，两者大概无从分别，因为在中古粟特人的观念中，两者大概早已合二为一、难分彼此了。如上所述，波斯历法借用巴比伦历法，但用祆教神名取代了巴比伦历原有的月名，巴比伦历的第四个月塔穆兹月，在波斯历中名为特里月。粟特人沿用波斯历，但耐人寻味的是，粟特历却保留了巴比伦历的月名，也就是说，波斯历中的特里月，在粟特地区仍称为塔穆兹月。但与此同时，粟特历的日名却用的是波斯历的日名，即以祆教诸神命名一个月中的 30 日——根据祆教传统，对各位神灵的祭祀是在与此神同名的月份中与此神同名的那一天举行，如祭祀提什特里雅神是在特里月（第四个月）的特里日（Tiri-Roz，即每月的第 13 天），这一天因此也就被称为特里甘节。粟特历法既然兼用巴比伦历月名和波斯历日名，则特里甘节的日期即为塔穆兹月的特里日，这一制度安排，必然导致塔穆兹和提什特里雅这两个渊源不同却声气相通的神相互之间混淆莫辨。就其神名而论，由月名言之，则为塔穆兹，由日名言之，则为提什特里雅；就其祭神仪式而论，由其诉诸塔穆兹言之，则为哭神儿节，就其诉诸提什特里雅言之，则为特里甘节或祈雨节。

归根结底，哭神儿节抑或祈雨节，塔穆兹节抑或特里甘节，只是同一个节日的不同面相、不同称谓而已。

至迟在唐代，祆教的雨神节已经传入了中国。敦煌文献表明，唐代敦煌祆庙的一个重要功能是祈雨，说明特里甘节及其祈雨仪式也随着祆教传入了中国。法国学者伯希和从敦煌取得的写本中，有《敦煌二十咏》五卷（现藏巴黎国家图书馆，编号为 P.2748），其中第十二咏《安城祆咏》云：

板筑安城日，神祠与此兴。

一州祈景祚，万类仰休征。

苹藻来无乏，精灵若有凭。

更有雩祭处，朝夕酒如绳。

诗所谓"雩祭"，即祈雨之祭，而诗题云《安城祆咏》，表明这是在祆神庙举行的祈雨仪式。诗云"更有雩祭处，朝夕酒如绳"，表明祆神庙祈雨需要用大量酒醴。姜伯勤先生在《天水隋石屏风墓胡人"酒如绳"祆祭画像石图像研究》一文中，根据这一记载，认为1982年在天水市发现的隋代石棺床石屏风画像第9号所描绘的就是祆教祈雨的场面。画面"中部有两个兽头，口中流淌着美酒。兽头下两个大瓮正在盛接。两瓮中间一人左手执一瓶，俯首观看瓮中酒是否接满，准备用瓶继续盛接。下端一人双膝跪坐，身边放一瓶瓮之器，左手捧碗酣饮。另一人双手抱一大瓶一边走一边将嘴接在瓶口上品尝"。画面中美酒自兽头流泻而出，即《安城祆咏》所谓"朝夕酒如绳"，盛酒的筐箩旁二人跪拜，表明此为拜祭祠神的场景。

在宋代，祆庙祈雨甚至已经纳入朝廷的祀典。《宋史·礼志》载宋代祈雨之礼云："诸神祠、天齐、五龙用中祠，祆祠、城隍用羊一、八笾、八豆。"《宋会要辑稿》第十八册《礼》亦载祈雨之礼："国朝凡水旱灾异，有祈报之礼。祈用酒、脯、醢，报如常祀……京城……五龙堂、城隍庙、祆祠……以上并

天水隋石屏风墓胡人"酒如绳"祆祭画像石

图源姜伯勤《天水隋石屏风墓胡人"酒如绳"祆祭画像石图像研究》，《敦煌研究》2003年第1期

敕建遣官……大中祥符二年（1009）二月诏：如闻近岁命官祈雨……又诸神祠，天齐、五龙用中祠例，祆祠、城隍用羊一、八笾、八豆。"

　　祆教的一系列"奇风异俗"，由于与华夏文化格格不入，因此很难被中国人所认可和接受，而只是局限于祆教徒社区内部，因此，在中国人的眼里，祆教一直笼罩着浓重的神秘色彩。

但是，袄教祈雨的风俗，却与中国传统的雩祭祈雨风俗不谋而合，因此能在中国朝野畅行无阻，敦煌文献和《宋史》的记载表明，唐宋时期，袄教的祈雨风俗已经融入中国传统的雩祭风俗而盛行一时，袄教的雨神提什特里雅必定也因此进入了中国百姓的视野。

但是，尽管袄教祈雨仪式在唐宋两代风行一时，我们在唐宋史籍中却难觅袄教雨神提什特里雅的名字。实际上，不仅提什特里雅，袄教神谱中的诸神，在汉籍中皆难觅踪迹。唯一见于汉籍记载的袄教神名字是"摩醯首罗"，而"摩醯首罗"一名转为"摩睺罗"可谓轻而易举。

最早提及袄神摩醯首罗的，是唐人韦述（玄宗时人）的《两京新记》卷三：

（布政坊）西南隅胡袄祠。（注：武德四年所立，西域胡天神，佛经所谓摩醯首罗也。）

杜佑《通典》卷四十《职官》在述及袄神祠的职官时，亦言及这位名为"摩醯首罗"的袄教神：

袄者，西域国天神。佛经所谓摩醯首罗也。武德四年，置祆祠及官。常有群胡奉事，取火咒诅。

这两条记载，都足以表明唐代的祆教祠庙中，供奉着名为"摩醯首罗"的祆教神（西域胡天神）。但是，奇怪的是，以上两书，既称摩醯首罗为祆教神，却又说摩醯首罗是佛经之神。摩醯首罗究为西域胡人的祆教神，还是印度的佛教之神，模棱两可，难以骤断。而且，就"摩醯首罗"一名而言，确系出自佛典，汉译佛经就有以摩醯首罗为题者，如《摩醯首罗天法要》《摩醯首罗大自在天王神通化生伎艺天女念诵法》等。摩醯首罗，梵语作 Maheshvara，意为大自在天，亦即胡适《魔合乐》一文所谓摩诃迦罗或大黑天，原为印度教所崇奉之湿婆神（Siva）。唐释慧苑《音义》云："摩醯首罗，正云摩酰湿伐落，摩酰者，此云大也，湿伐罗者，自在也。谓此天王于大千世界中得自在故也。"摩醯首罗或湿婆，在印度教信仰中具有重要的地位，他兼具生成与毁灭、创造与破坏、生命与死亡双重性格，其形象变化多端，奇谲怪诞，有恐怖相、温柔相、超人相、三面相、舞蹈相、半男半女之相等变相，印度教徒所供奉的林伽（男根），也被视为他的象征。无论是其神迹还是形象，似乎都与塔穆兹或阿多尼斯毫不搭界，因此，若说"摩睺罗"之名是出自"摩醯首罗"，岂非正好证明了胡适、傅芸子诸家之说，即摩睺罗

摩醯首罗木版画（出土于新疆于阗丹丹乌里克，16世纪作品，现藏英国伦敦大英博物馆）

是源于印度或佛教吗？然而，若说摩醯首罗是源自印度，韦述与杜佑又何以说摩醯首罗是祆教之神呢？

细绎韦述、杜佑原文，所谓"西域国天神，佛经所谓摩醯首罗也"云云，盖谓此神虽供于祆祠，为祆教徒所崇奉，但其形象却与佛经中所谓摩醯首罗之形象相像，因此，唐人就以"摩醯首罗"之名称之，其名虽出自梵典，其神则实为祆神。在跨民族的文化传播中，此种因形象相似或事类相近而将渊源、实质都大相径庭的事物混为一谈以至于张冠李戴的现象是不可避免的，用旧有的、熟悉的名号想当然地命名、称呼陌生新奇之物，更是势所必然。唐人借用"摩醯首罗"之名称谓祆祠所供之神，当是因为此神的形象与摩醯首罗相似，或者是因为此神在唐人的心目中与摩醯首罗具有相似的神通和威能，限于文化隔膜，唐人对于祆教的了解极为笼统，故只能眉毛胡子一把抓，把祆教众神不加分别地统称为"摩醯首罗"。

宋人仍用摩醯首罗称呼祆神。北宋学者董逌在《广川画跋》卷四《书常彦辅祆神像》讲到一个祆神显灵的故事：

> 元祐八年七月，常君彦辅就开宝寺之文殊院，遇寒热疾。大惧不良，及夜祷于祆神祠。明日良愈。乃祀于庭，又图像归事之。属某书，且使教知神之休也。祆祠，世所

以奉胡神也。其相希异，即经所谓摩醯首罗。有大神威，普救一切苦。能摄伏四方，以卫佛法。当隋之初，其法始至中夏。立祠颁政坊，常有番人奉事。聚火咒诅，奇幻变怪，至有出腹决肠，吞火蹈刃。故下俚庸人就以诅誓，取为信重。唐祠令有萨宝府官主司。又有胡祝，以赞相礼事。其制甚重，在当时为显祠。今君以祷获应，既应则祠，既祠则又使文传，其礼至矣。与得悉（曹国）、顺天（罽宾）同号胡神者，则有别也。[1]

由此文可知，直到宋代，开封城仍有祆教庙，其所奉之神仍被称为摩醯首罗。由常彦辅祷病获应，知宋代开封祆庙烟火虽无唐代长安祆庙之显盛，但余威犹存，则当时民间必有奉祠之者。尤其耐人寻味的是文末数语，"与得悉（曹国）、顺天（罽宾）同号胡神者，则有别也"云云，明确将摩醯首罗与曹国的得悉神、罽宾的顺天神（见《隋书·西域列传·漕国》）区分开来，似乎表明宋人是知道摩醯首罗与胡神（祆神）不可混为一谈的，其实恰恰相反。此书作者董逌为博学之士，其子董弅《广川书跋原序》称他"生而颖悟，刻苦务学，博极群书，讨究详

1　据《藏修堂丛书》本，"曹国"，《适园丛书》本作"唐国"。

阅，必探本原"。由董逌特意在得悉、顺天两神名后分别注明"曹国""罽宾"，知其此说必据《隋书》所记。至于普通百姓，既非如董逌饱读经史，则对于摩醯首罗与胡神，只能人云亦云，无从分别矣。而董逌汲汲辨之，正暗示了当时俗见皆以摩醯首罗为祆神。

明乎唐、宋时人用"摩醯首罗"泛称所有祆教神，则"摩睺罗"其名的来历也就迎刃而解了。宋代百姓用"摩醯首罗"称谓所有祆教神，自然也会用它称谓胡人七月祈雨节上所供奉泥偶神像，"摩睺罗"一名当是"摩醯首罗"（Maheshvara）的简化或省译。"摩睺罗"和"摩醯首罗"，两者一为三音节，一为四音节，但两者首字和末字全同，唯中间音节，一作"睺"，一作"醯首"。"醯"现代音为 xī，"睺"现代音为 hóu，似乎相差甚远，声母 x[ɕ] 为舌面前音，h[x] 为舌根音，发音部位一点也不相近。可是，无论在中古音还是上古音中，两者都是相同部位的两个声母。"醯"字《广韵》呼鸡切，"睺"字《广韵》户钩切，一为晓母 [x]，一为匣母 [ɣ]，发音部位相同，按五音而论属于喉音，只是发音方法有清浊之分而已（晓母为清声母，匣母为浊声母），上古音亦然（发音部位相同的两个声母，这在音韵学上称为"旁纽"）。另外，"首"与"睺"二音韵母亦可互通，"首"字古韵属幽部，"睺"属侯部，侯、幽二部可以发生旁转（现代音更是变成同一韵母了）。因此，从音理上言，"睺"实为"醯首"的合音（类似于反切），因此，"摩睺罗"实为"摩醯首罗"的省译。由"摩睺罗"与"摩醯首罗"两名之间在音韵学上的关系，亦可断定宋代七夕令东京市民趋之若狂的摩睺罗，原为来自中亚乃至波斯的祆教之神。（此段音韵学的论述，承孙剑艺先生指教。）

北宋一位大致与董逌时代相同的僧人释文莹在《玉壶清话》卷六中记载的一则五代时的轶事，所透露的那些栖身祆庙的胡神面目，让人不由地联想到七夕泥偶摩睺罗：

> 范鲁公质举进士，和凝为主文，爱其私试，因以登第……初，周祖自邺举兵向阙，京国雇乱，鲁公遁迹民间。一日坐封丘巷茶肆中，忽一形貌怪陋者前揖云："相公相公，无虑无虑！"时暑中，公执一叶素扇，偶写"大暑去酷吏，清风来故人"一联在上。陋状者夺其扇曰："今之典刑，轻重无准，吏得以侮，何啻大暑耶！公当深究狱弊。"持扇急去。一日，于祆庙后门，一短鬼手中执其扇，乃茶邸中见者。未几，周祖果以物色聘之，得公于民间，遂用焉。

文中提到的范质，曾在后周广顺元年（951）任参知枢密院事之职。范质祆庙遇神之事，又见于邵伯温《邵氏闻见录》卷七，文字大同小异，不过，值得注意的是，《玉壶清话》之"短鬼"，《邵氏闻见录》作"土偶短鬼"。"土偶"即泥偶，指祆庙中的泥塑神像，谓之"短鬼"，可见其形象之猥琐，非复摩醯首罗之堂堂矣，谓之"形貌怪陋"，或因其本为胡神，高鼻深目，非汉家仪容，故显得怪陋。开封祆庙中所供奉之神，自然就是祆神摩醯首罗，而此身形短小之泥塑祆神，与七夕间开封百姓所追捧的泥孩儿摩睺罗之间的关系，实在耐人寻味。

祆庙中的摩醯首罗土偶貌丑质陋，而七夕节所供之摩睺罗则粉雕玉琢，似乎不可同日而语。其实，祆神摩醯首罗和泥孩儿摩睺罗的这一形象歧变，可能是由两者所处文化语境的不同所导致的。在宋代，初、盛唐时期那种中外文化交流的盛况已成往事，以大量入华的波斯人、粟特人为主体的对于祆教的狂热也早已风流云散，宋代的祆教随着滞留中土的胡人一道被日益边缘化，祆神摩醯首罗大概只能退隐于陋街深巷，成为一种仅仅受到边缘人群崇拜的隐秘之神，其偶像必定因陋就简，日趋僻怪。另一方面，源于波斯特里甘节、具有浓郁狂欢色彩的祆教庆典，则脱离其固有的社会土壤，渐渐融入中国民俗，失去其原来的宗教色彩和祈禳功能，成为华夏本土节日风俗中的一部分，被命名为"摩醯首罗"的塔穆兹泥偶，也因久已脱离祆教语境而丧失其固有的宗教意义，成为单纯的吉祥物，受到朝野百姓的追陪逢迎，踵事增华，变得日益美观可爱。"摩醯首罗"之名也就顺应汉语的音节习惯而简化成"摩睺罗"，甚至与汉语词语嫁接，成了"摩睺罗孩儿"，最后干脆数典忘祖，换了个十足中国化的名字"巧儿"。（金盈之《醉翁谈录》卷四《京城风俗记》；陈元靓《岁时杂记》卷二十六）

七、东京七夕盛况与胡商

北宋时期，随着国力的衰退，尤其是由于西夏的崛起，通往西域的道路阻断，唐时西域胡人接踵比肩、络绎不绝入长安的盛况成为往事，在唐代曾经一度兴旺的祆教也逐渐衰歇。不过，胡人来华的热潮尽管业已消歇，但由于萨珊波斯被新崛起的阿拉伯大食帝国击破，唐代来华的胡人归国无路，大量滞留不去并逐渐融入中国社会，因此，在宋代，尤其是北宋时期，祆教的遗风犹存，东京汴梁的七夕风俗之所以独具异彩，呈现出浓厚的胡风，当与汴梁的祆教遗风有关。

北宋时期的汴梁城中，尚有数座祆教寺庙。陈垣、林悟殊等，对文献所载的宋代祆祠，皆有钩沉，上文抄引的董逌《广川画跋》和释文莹《玉壶清话》，俱提到汴梁城中的祆祠，董逌所述祆祠在开宝寺文殊院，释文莹所述袄祠邻封丘巷。此外，宋人张邦基《墨庄漫录》卷四也述及汴梁的袄祠：

> 东京城北有袄（呼烟切）庙。袄神本出西域，盖胡神也，与大秦穆护同入中国。俗以火神祠之。京师人畏其威灵，甚重之。其庙祝姓史，名世爽，自云家世为祝累代矣。藏先世补受之牒凡三：有曰怀恩者，其牒唐咸通三年（862）宣武节度使令狐给。令狐者，丞相绹也。有曰温者，周显德三年（956）端明殿学士权知开封府王所给，王乃朴也。有曰贵者，其牒亦周显德五年（958）枢密使权知开封府王所给，亦朴也。自唐以来，袄神已祀于汴矣，而其祝乃能世继其职逾二百年，斯亦异类……镇江府朱方门之东城上，乃有袄神祠，不知何人立也。

这座袄祠的烟火，始于唐代，历唐至周，三度受牒，由朝廷之恩宠，足见其声势之显赫，以至于直到张邦基的时代，京师人犹畏其威灵。

实际上，孟元老《东京梦华录》卷三就记载了汴梁的两处袄祠，一在大内西右掖门外：

> 大内西去，右掖门、祆庙，直南浚仪桥街，西尚书省东门，至省前横街南，即御史台，西即郊社。

一在旧封丘门：

> 马行北去，旧封丘门外，祆庙斜街，州北瓦子；新封丘门，大街两边民户铺席外，余诸班直军营相对，至门约十里余，其余坊巷院落，纵横万数，莫知纪极。处处拥门，各有茶坊酒店，勾肆饮食，市井经纪之家。

这座位于旧封丘门外祆庙斜街上的祆庙，当即文莹所记邻近封丘巷之祆庙。此外，汴梁城近郊亦有祆祠，据宋人王瓘《北道刊误》，开封府下属的祥符县即有祆神庙。

庙宇是信徒从事宗教活动的中心，祆教寺庙则是入华胡人从事各种宗教活动及岁时聚会庆祝的地方，唐人张鷟《朝野佥载》称："河南府立德坊及南市西坊皆有胡祆神庙，每岁胡商乞福，烹猪羊，琵琶鼓笛，酣歌醉舞。"北宋的东京存在祆教庙宇，说明当时在东京城中依然有相当数量的信奉祆教的胡人居住。

居住在祆祠附近街坊的胡人，主要是胡商。唐代的两都，西都长安和东都洛阳，都有数座祆神庙，而且这些祆神庙都位于胡商聚居的街坊之中，长安的祆神庙主要位于西市，洛阳的祆神庙则主要位于南市，这两个地方既是长安和洛阳的胡人聚居区，也是长安和洛阳最热闹的商业中心。

粟特国地处欧亚大陆中央、扼守东西通商的丝路的要道，因此，胡人天生就善于经商，正如韦节《西蕃记》所言："康国人并善贾，男年五岁则令学书，少解则遣学贾，以得利多为善。"因此，来华的胡人主要是胡商，唐代小说中常见的"胡人识宝"故事，即与胡人善于经商有关。正因为来华的胡人多为商人，所以来华的胡人大都邻市而居，胡人之所在，也自然就成了百物所聚、人烟辐辏的闹市区，而作为胡人宗教活动中心的祆神庙，都位于城市的闹市中心，也就是顺理成章的事情了。

宋代建都汴梁，汴梁代替唐代的长安和洛阳成为当时的政治、经济、文化中心，而且，宋代都城废除了唐代都城壁垒森严的坊市管理制度，汴梁城商业之繁荣和文化之发达较之唐代长安更是有过之而无不及，胡商也必定随之移居汴梁，经商贸易。可以想见，北宋汴梁的胡人大概主要是从唐代的长安和洛阳移居而来的留华胡商，这由孟元老所记载的两座祆神庙都位于汴梁城的闹市区，即可看出。

汴梁七夕市上的琳琅满目的各种节供物品，如摩睺罗、种生、谷板、水上浮之类，既然源于胡人风俗，其最初的制作者和售卖者肯定是汴梁城的胡商。这些来自中亚的胡商，天生具有商业眼光，既心灵手巧，擅长制作各种奇巧之物，又善于经营，不会放过任何交易赚钱的机会。既然他们传统的七月节特里甘节跟宋人的七夕节恰在相同的日子，斗艺呈巧又恰恰是七夕乞巧节的固有之义，那么，将其传统的节日供物巧加装点、精心雕镂，制作成各种逗人喜爱的并且富于吉祥象征意味的手工艺品，并介绍、兜售给汴梁城的市民，对于这些心眼活络的胡商来说，就肯定是水到渠成的事情，一脑门商业算计的胡商们肯定不会放过这门买卖。

孟元老《东京梦华录》的七夕记事以及司马光的《和公达过潘楼观七夕市》诗所提到的潘楼街，是东京最热闹的一个七夕市场。司马光诗云："帝城秋色新，满市翠帘张。伪物逾百种，烂漫侵数坊。"整个市场井然绵延数条街坊。这条潘楼街，可能就是一个有胡人聚居的商业区。《东京梦华录》卷二对潘楼街各种买卖行当及其热闹景象作了细致的叙述：

> 东去乃潘楼街，街南曰"鹰店"，只下贩鹰鹘客，余皆真珠匹帛香药铺席。南通一巷，谓之"界身"，并是金银彩帛交易之所，屋宇雄壮，门面广阔，望之森然，每一交易，

动即千万，骇人闻见。以东街北曰潘楼酒店，其下每日自五更市合，买卖衣物书画珍玩犀玉。至平明，羊头、肚肺、赤白腰子、奶房、肚胘、鹑兔、鸠鸽、野味、螃蟹、蛤蜊之类讫，方有诸手作人上市买卖零碎作料。饭后饮食上市，如酥蜜食、枣、砂团子、香糖果子、蜜煎雕花之类。向晚卖河娄头面、冠梳领抹、珍玩动使之类。东去则徐家瓠羹店。街南桑家瓦子，近北则中瓦，次里瓦。其中大小勾栏五十余座。内中瓦子，莲花棚、牡丹棚、里瓦子、夜叉棚、象棚最大，可容数千人。自丁先现、王团子、张七圣辈，后来可有人于此作场。瓦中多有货药、卖卦、喝故衣、探搏、饮食、剃剪、纸画、令曲之类。终日居此，不觉抵暮。

这条街上有专供鹰贩子居住的"鹰店"，有众多销售珍珠、布帛、香药的店铺，有门面阔绰的金银丝帛商号，交易额动辄就是上千上万，做的都是大买卖，堪称汴梁城的CBD。商业繁荣之地必定也是花钱如流水的销金窟，因此，在潘楼街有各种吃喝玩乐的去处，这里不仅有著名的潘楼酒店——潘楼街就是因为这家酒店而得名，还有各种各样的小吃，羊头、肚肺、赤白腰子、奶房、肚胘、鹑兔、鸠鸽、野味、螃蟹、蛤蜊等美味佳肴以及酥蜜食、枣、砂团子、香糖果子、蜜煎雕花等各种餐

繁荣的东京街市（《清明上河图》局部，现藏北京故宫博物院）

后甜食应有尽有。客人吃饱喝足了，可以到古玩市上品鉴书画珍玩犀玉，也可以到勾栏中听人说书，那里有大小勾栏五十余座，大的居然可以容纳数千人，其规模比现在的戏院还要宏阔，里面上演着各种杂剧说唱节目，瓦子中卖药的、打卦的、卖旧衣服的、找人赌博的、卖小吃的、剃头的、卖字画的、唱小曲的，川流不息，熙来攘往。《东京梦华录》又载，自潘楼酒店往东的一个十字路口，叫土市子，其附近有通宵营业的茶坊和买卖衣服图画之类的夜市，有东岳庙，有药铺，有满楼红袖招的妓院。土市子十字路口往南，则是数家大饭店，其中一家店的名字甚怪，叫"铁屑楼"，正是这个奇特的店名，引起了研究祆教史的学者的注意。龚方震、晏可佳在《祆教史》一书中指出：

酒店取名"铁屑",颇为奇特,恐是一种译名,"铁屑"与元代出现的"迭屑"一词读音近似,元《长春真人西游记》载"九月二日,西行,四日,宿轮台之东,迭屑头目来降",元《辩伪录》也有"迭屑人奉迷师诃"之语,此"迭屑"指景教徒,一般都认为它是波斯语 tarsa 的音译,实际上是畏兀儿语 tarsa 的音译,其读音更相符,1353 年花剌子模所作畏兀儿语文学作品《爱情之书》(Muxabbat Name)录有 tarsa 一词为"基督徒",此畏兀儿语当从波斯语 tarsa 转来,前文已经提到 tarsa 也解作拜火教徒,开封未闻有景教徒,铁屑楼是祆教徒所开的酒店,故以此名之。

这家以"铁屑"(拜火教徒)标榜的酒店,老板必定是信奉祆教的波斯人或粟特人,其提供的菜肴大概也是波斯风味,正如今天城市中的回民饭店大多开设在回民聚居区一样,这家铁屑酒店的周围也必定有信奉祆教的胡人或胡商聚居,而潘楼街的七夕市之所以格外热闹,自然跟住在这里的胡商分不开。

正是这些远离故土满怀乡思的"波斯胡",独具匠心,灵活经营,将他们民族传统的七月节供物炮制成深受汴梁市民欢迎的七夕节供,在将其传统的七月特里甘节风俗汇入中土七夕节俗的同时,也给自己找到了一条生财之道。另一方面,这些因故国破亡而滞留华土的"波斯胡"，在将自己的风俗融入中土风俗的同时，也将自身融入了中国社会，成为中华大家庭的一部分。

八、七月初六乞巧之俗

宋代有在七月初六乞巧的习俗，可能也跟胡风的影响有关。

宋代汴梁市民过七夕，不是像过去那样只在七月初七一天，而是从七月初六到初七两天。孟元老《东京梦华录》说："初六日、七日晚，贵家多结彩楼于庭，谓之乞巧楼。铺陈磨喝乐、花瓜、酒炙、笔砚、针线，或儿童裁诗，女郎呈巧，焚香列拜，谓之乞巧。"可见宋代东京的七夕节，与以前相比，不仅空前热闹，玩意儿众多，而且，其节期也加长了。

更令人费解的是，宋初的七夕，有一度不是在七月七日，而是在七月六日。李焘（1115—1184）《续资治通鉴长编》卷十九载：

> 太宗太平兴国三年（978）……诏：七夕嘉辰，著于甲令。今之习俗，多用六日，非旧制也。宜复用七日。

七夕之称为七夕，正因其日期在七月七日，这一日期在东汉时即已确立，而且，以月、日相重的日子为节，乃是惯例，如二月二、三月三、五月五、九月九等，宋人在六日过七夕的风俗，有悖常理，委实奇怪。时人对此事多有记载和探究。王说《唐语林》卷八云：

> 七夕者，七月七日夜。《荆楚岁时记》云：七夕妇人穿七孔针，设瓜果于庭以乞巧。今人乃以七月六日夜为之，至明晓望于彩缕，以冀织女遗丝。乃是七晓，非夕也。又取六夜穿七窍针，益谬矣。今贵家或连二宵，陈乞巧之具，此不过苟悦童稚而已。

洪迈（1123—1202）《容斋随笔·容斋三笔》卷一"七夕用六日"条云：

> 太平兴国三年七月诏：七夕嘉辰，著于甲令。今之习俗，多用六日。非旧制也，宜复用七日。且名为七夕，而用六，不知自何时以然。唐世无此说，必出于五代耳。

陆游（1125—1210）《入蜀记》卷二云：

> 右文林郎监大军仓王炟来。王言：京口人用七月六日为七夕，盖南唐重七夕，而常以帝子镇京口，六日辄先乞

巧，翌旦驰入建康，赴内宴，故至今为俗云。然太宗皇帝时，尝下诏禁以六日为七夕，则是北俗亦如此，此说恐不然。

陈元靓《岁时广记》卷二十六云：

京师人家，左厢以七月六日乞巧，右厢以七夕乞巧。

综观以上诸书，关于北宋乞巧节的日期，有两种说法，一说是在初六日，一说是在初六、初七两天。《续资治通鉴长编》所引太平兴国三年（978）诏令，可知宋初曾一度盛行六日乞巧，后因朝廷明令禁止，重新恢复了七日乞巧的传统做法。但是，《东京梦华录》的作者孟元老生当两宋之交，他说，"初六日、七日晚，贵家多结彩楼于庭，谓之乞巧楼"，表明直到北宋末年，东京的贵家豪门，除了在初七夜乞巧之外，仍保持了在初六乞巧的做法。王谠《唐语林》亦云："今贵家或连二宵。"王氏亦生值北宋末年。这说明，在太平兴国三年诏之后，终北宋之季，初七乞巧的旧俗尽管得到了恢复，但是，至少在那些喜欢铺张的王公贵族之家，初六乞巧之风却并没有绝迹。

宋朝始于960年，宋太宗太平兴国三年（978）下诏禁止六日乞巧，距立国仅十八年，则此种风俗必非始于北宋。洪迈云："唐世无此说，必出于五代耳。"实际上，据五代学者丘光庭（907—960）记载，五代时确已存在此种风俗了，其《兼明书》卷五"七夕"条云：

> 古书皆以七月七日之夕，谓之七夕。今北人即以七月六日之夕乞巧，询其所自，则说有异。端静而思之，抑有由也。盖鼎峙之世，或中分之时，南北异文，车书不一。必北朝帝王有当七夕而崩者，故其俗间用六日之夕。南人不为之忌，不移七日之夕。由此而论，昭然可见。

丘光庭还对六日乞巧之俗的来历提出了自己的解释。他认为，北方人用六日而不用七日乞巧，大概是因为北朝某位帝王是在七月七日这天驾崩的，为了避开忌日，就改在了六日乞巧。陆游的朋友王炬则对京口六日乞巧的做法提出了自己的解释，他认为，南唐建都金陵（今南京），京口（今镇江）扼守金陵门户，因此由太子亲自坐镇监守。而南唐朝廷重视七夕，每逢七夕君臣必聚会宴饮，太子为了能在初七日回朝赴宴，因此就命京口百姓提前一天在初六日过七夕。殊不知，一种源远流长且广为流行的民间习俗，不可能因为天子或太子一己之行为而改弦更张。丘、王之说，非但于理不通，而且于史无证，纯属臆说，不足为凭。

那么，宋人七月六日乞巧之俗，究竟有何来历呢？

七月六日乞巧之俗并非流行各地，丘光庭说六日乞巧为北人之俗，《东京梦华录》和《岁时广记》所记六日乞巧皆为东京风俗。我们在上文已经说明，东京七夕风俗深受胡人祆教风俗影响，那么，东京百姓六日过七夕的风俗，是否也与祆教的影响有关呢？

值得注意的是，陆游《入蜀记》称宋代京口（今镇江）也有六日乞巧之俗，而在传世文献关于宋代祆祠的有限记载中，就提到了镇江的祆神祠。上引宋人张邦基《墨庄漫录》卷四，在记述汴梁祆庙的同时，也提到了镇江的这座祆神祠："镇江府朱方门之东城上，乃有祆神祠，不知何人立也。"元《至顺镇江志》卷八《神庙·庙祠》记镇江祆庙之兴废云：

> 火祆庙，旧在朱方门里（黑）山冈之上。《张舜民集》："汴京城北有祆庙。祆神出西域，自秦入中国，俗以火神祠之，在唐已血食宣武矣。"前志引宋《祥符图经》：润帅周宝婿杨茂实为苏州刺史，立庙于城南隅。盖因润有此庙，而立之也。宋嘉定中，迁于山下。郡守赵善湘以此庙高在山冈，于郡库不便，遂迁于山下，庙门面东，郡守祝板，故有"祆

神不致祆"之句。端平间毁。端平乙未，防江寨中军作变，有祷于神，其神许之。事定，郡守吴渊毁其庙。

可见此庙至迟在周宝（814—887）任润州节度使的唐僖宗年间即已存在，毁于宋理宗端平年间（1234—1236）。镇江为水路交通之要道，与之毗邻的扬州更是唐代南北交通的枢纽，商业发达，市井繁荣，胡商番客必定趋之若鹜。《旧唐书》卷一百一十《邓景山传》载，唐肃宗上元年间（760—761），刘展作乱，邓景山"引平卢副大使田神功兵马讨贼。神功至扬州，大掠居人资产，鞭笞发掘略尽，商胡大食、波斯等商旅死者数千人"。唐时的扬州为胡商所集，即此可见一斑。唐人小说中，常称道扬州胡商，如《太平广记》卷十七"卢李二生"引《逸史》，有李生甚贫，偶过扬州，卢生与之一拄杖，告知"将此于波斯店取钱可"；卷四百二"守船者"引《原化录》，有守船者得一珠，售之扬州胡店，获数千缗。《宋史》卷一百二《礼志》载："建隆元年，太祖平泽潞，仍祭祆庙、泰山、城隍。征扬州、河东并用此礼。"说明宋初扬州犹有祆庙，宋太祖且躬祭之，足见其在当时之声威。扬州之祆祠，自然与其地为胡商所云集有关，镇江之有祆祠，亦必与其地为胡商聚集的商埠有关。

另外，宋代的成都，可能也有七月六日夜过七夕的习俗。成都太守田况（1003—1061）有《七月六日晚登太慈寺阁观夜市》，其诗云：

> 万里银潢贯紫虚，桥边螭蟠待星姝。
> 年年巧若从人乞，未省灵恩遍得无。

成都之六日乞巧风俗，亦当与其地多胡商有关。成都为唐代之一大都会，其商业发达程度仅次于扬州，当时有"扬一益二"之说，因此亦必为胡商聚集之地。陈寅恪《李太白氏族之疑问》已指出"六朝隋唐时代，蜀汉亦为西胡行贾之地"。

宋代初六乞巧之俗与胡人聚居区的吻合，表明此俗可能正是受胡风影响的结果。

实际上，波斯的特里甘节正是过两天，其中，前一天在特里月 13 日，后一天在翌日，即特里月 14 日，前一天称为小特里甘节（the small Tiregān），后一天被称为大特里甘节（the great Tiregān）。前引比鲁尼《古代民族编年史》记载的传说，即解释了为什么特里甘节要过两天：当神箭手阿雷什射箭定疆界以解决伊朗和图兰的纠纷时，由于他射出的箭飞得太远，一直到翌日，人们才得悉箭头落地的消息。伊朗人闻知消息，欢呼鼓舞，庆祝和平。于是，人们就将神箭手阿雷什射箭之日，即特里日（Tir-Roz，即 13 日）定为小特里甘节，将和平降临之日，即告矢日（Gosh-Roz，即 14 日）定为大特里甘节。

以上我们从各个方面论述了西域祆教风俗对于宋代七夕的影响，水上浮、摩睺罗、种生、谷板、果食花样、果实将军等新巧的七夕节物，妙趣横生，争奇斗妍，让宋代的七夕节焕然一新，异彩纷呈。但是，这并不意味着，整个宋代的七夕节都尽染胡风，实际上，来自波斯、粟特的异域风俗对于宋代七夕的影响，可能只是发生于番商云集的汴梁、杭州、镇江、扬州等都城商埠以及某些历史上曾有胡人聚居的乡村地区，至于其他地方，尤其是在广袤而封闭的乡村，其七夕风俗，想来不会有大的改变，仍不过是因循旧俗，这一点，从宋人留下的大量七夕诗、七夕词，即不难看出。不妨略引数则，以为本章论宋代七夕作结：

双针竞引双丝缕，家家尽道迎牛女。不见渡河时，空闻乌鹊飞。

西南低片月，应恐云梳发。寄语问星津，谁为得巧人。

（张先《菩萨蛮·七夕》）

雨洗新秋，遣凉意，驱除残暑。还又是，天孙河鼓，一番相遇。银汉桥成乌鹊喜，金梭丝巧蜘蛛吐。见几多，结彩拜楼前，穿针女。

舟楫具，将归去。尊俎胜，休匆遽。被西川七夕，四回留住。此地关心能几辈，他年会面知何处。更倚阑、豪饮莫辞频，歌金缕。（京镗《满江红·壬子年成都七夕》）

叹飘零，离多会少堪惊。又争如，天人有信，不同浮世难凭。占秋初，桂花散采，向夜久，银汉无声。凤驾催云，红帷卷月，泠泠一水会双星。素杼冷，临风休织，深诉隔年诚。飞光浅，青童语款，丹鹊桥平。

看人间，争求新巧，纷纷女伴欢迎。避灯时，彩丝未整，拜月处，蛛网先成。谁念监州，萧条官舍，烛摇秋扇坐中庭。笑此夕，金钗无据，遗恨满蓬瀛。欹高枕，梧桐听雨，如是天明。（辛弃疾《绿头鸭·七夕》）

云雁将秋，露萤照夜，凉透窗户。星网珠疏，月梭金小，清绝无点暑。天孙河鼓，东西相望，隐隐光流华渚。妆楼上，青瓜玉果，多少骏儿痴女。

金针暗度，珠丝密结，便有系人心处。经岁离思，霎

时欢爱，愁绪空万缕。人间天上，一般情味，枉了锦笺嘱付。又何似，吹笙仙子，跨黄鹤去。（赵以夫《永遇乐·七夕和刘随如》）

露蛩初响，机杼还催织。婺星为情慵懒，伫立明河侧。不见津头艇子，望绝南飞翼。云梁千尺。尘缘一点，回首西风又陈迹。

那知天上计拙，乞巧楼南北。瓜果几度凄凉，寂寞罗池客。人事回廊缥缈，谁见金钗擘。今夕何夕。杯残月坠，但耿银河漫天碧。（吴文英《六么令·七夕》）

以抒写儿女情长为特长的宋人七夕词，虽不乏清词丽句，但其所喋喋不休的，多是些痴牛骏女、星桥鹊驾、浮槎机石、粉筵拜星、纫针捻线、浮瓜沈李、露冒蛛丝之类老生常谈的话头而已，正如郭应祥《鹊桥仙·丁卯七夕》所自嘲：

泛槎经岁，分钗半夜，往事流传千古。独怜词客与诗人，费多少，闲言泼语。

第四章

西北望天狼，东海拜魁星

东南沿海七夕拜魁星风俗与西域

波斯文化对于宋代七夕风俗的影响，不仅见于北方的汴梁，也见于东南沿海的粤、闽、浙等地。如果说波斯文化对于东京七夕风俗的影响是经由陆上的丝绸之路达成的，那么，它对东南沿海七夕风俗的影响则主要取道海上。来往于印度洋、南洋的商船，在载来波斯、印度和南洋的香药、珊瑚、犀象、珠玉、琥珀、异兽等异域珍奇之同时，也将异域的宗教、文化和风俗传入了东南沿海。而且，与其对北方七夕风俗的影响相比，波斯文化对于东南沿海七夕风俗的影响更加深入和持久，其流风余韵一直延续到现在。

唐代以降的历代王朝，均十分重视海上贸易，在广州以及泉州、明州（宁波）等地设立相当于现代海关的"市舶司"，专门管理通商贸易和"蕃客"，市舶司的税收成为历代朝廷的重要财源。到了宋代，尤其是南宋期间，由于陆上丝绸之路的阻断，朝廷的财政收入愈发倚重海上贸易，因此，宋王朝较之唐代，更加重视东南海上贸易的经营，"市舶者，其利不赀，摧金山珠海，天子南库也。诸蛮之宝，五天之珍，每岁山积"（宋叶庭珪《海录碎事》卷十二）。《建炎以来系年要录》卷一百一十六载宋高宗诏曰："市舶之利最厚，若措置合宜，所得动以万计，岂不胜取之于民。朕所以留意于此，庶几可以少宽民力耳。"为招徕番舶，太宗特遣内臣八人，携招商谕旨及金帛，分四路前往南洋诸国，晓谕番商。北宋开宝四年（971），朝廷沿袭唐朝制度，设广州市舶使。此后，随着海上贸易的发展，又分别在泉州、明州（今宁波）、密州（今山东诸城）等地设立市舶司。两宋时期，东南沿海，尤其是广州、泉州的海外贸易一直非常繁荣。

由于海舶辐辏，番商纷至，因此，广州等地番客云集。日本真人元开《唐大和上东征传》记载，鉴真和尚在广州时，见"江中有婆罗门、波斯、昆仑等舶，不知其数，并载香药、珍宝、积载如山"。唐开元二十九年（741），在广州城西设置专门供波斯人、阿拉伯人侨居的"蕃坊"，并设管理蕃坊事物的"蕃坊司"和"蕃长"。安史之乱期间，广州的番客趁机作乱，《旧唐书》卷十《肃宗本纪》载："癸巳，广州奏大食国、波斯国兵众攻城，刺史韦利见弃城而遁。"可见广州番客之人多势众。

唐末，黄巢军攻陷广州，大肆屠戮，祸及胡商。据阿拉伯人阿布·赛义德·哈桑（Abu Zaid Hasan，卒于979年）《中国印度见闻录》记载，阿拉伯、波斯和犹太商人被杀者有二十余万众，这个数字未免夸大，但广州城中番客云集的盛况由此可见一斑。宋王朝对于海上贸易愈加重视，并亲自遣使招致番客，两宋时期广州城中的番客数量当较之唐代有过之而无不及。南宋诗人刘克庄（1187—1269）《后村集》卷二十《即事十首》专吟广州市井风情，其二云"东庙小儿队，南风大贾舟。不知今广市，何似古扬州"，就反映了当时广州城中番樯林立、海市熙攘的热闹景象。随海舶番客漂洋过海而来的，除了来自波斯、大食、南洋的物产如犀角、玛瑙、珊瑚、琉璃、象牙、香料、药物之外，自然还有这些地方的宗教、文化和风俗。哈布·赛义德·哈桑和麦斯欧底（Al-Mas'ud，卒于956年）在其书中都提及黄巢屠戮的番人中，有拜火教徒。流传至今的广府七夕摆七娘风俗和闽、浙、台一带的七夕拜魁星风俗，就深深地打上了波斯文化的烙印。

下面就让我们先从广州七夕的七娘会说起。

一、一枝独秀的广州七夕

1. 七月七，摆七娘

近世以来，乞巧风俗尽管在大多数地方都零落了，但是，在广东的很多地方，每年七夕的乞巧风俗却依然红红火火，热闹异常。广府的七夕摆七娘风俗，尤其别具风情。

清代广东学者屈大均的《广东新语》卷九《广州时序》一文，就提到广州七夕的"七娘会"：

> 七月初七夕为七娘会，乞巧，沐浴天孙圣水，以素馨、茉莉结高尾艇，翠羽为篷，游泛沉香之浦，以象星槎。

关于"七娘会"的具体活动，屈大均语焉不详，《中华全国风俗志》下卷《广州岁时记》一文，则言之较详：

> 七月初七日，俗传为牛女相会期，一般待字女郎，联集为乞巧会。先期，备办种种奇巧玩品，并用通草、色纸、芝麻、米粒等，制成各种花果、仕女、器物、宫室等等，

极钩心斗角之妙。初六日陈之庭内，杂以针黹、脂粉、古董、珍玩及生花时果等，罗列满桌，甚有罗列至数十方桌者。邀集亲友，唤招瞽姬（俗称盲妹），作终夜之乐。贫家小户亦勉力为之，以应时节。初六夜初更时，焚香燃烛，向空礼叩，曰迎仙。自三鼓以至五鼓，凡礼拜七次，因仙女凡七也，曰拜仙。礼拜后，于暗陬中持绸丝穿针孔，多有能渡过者，盖取"金针度人"之意。并焚一纸制之圆盆，盆内有纸制衣服、巾履、脂粉、镜台、梳篦等物，每物凡七分，名梳妆盒。初七日，陈设之物仍然不移动，至夜仍礼神如昨夕，曰拜牛郎。此则童子为主祭，而女子不与焉。礼神后，食品玩具馈赠亲友。拜仙之举，已嫁之女子不与焉，唯新嫁之初年或明年必行辞仙礼一次，即于初六夜间，礼神时加具牲醴、红蛋、酸羌等，取得子之兆，又具沙梨、雪梨等果品，取离别之意。惟此为辞仙者所具。他女子礼神时，则必撤去。又初七日午间，人家只有幼小子女者，咸礼神于檐前。礼毕，燃一小梳妆盆，曰拜檐前，祈其子女不生疮疥。俗以檐前之神为齷龊神也。复有一事，即于是日汲清水，贮于坛内密封之，尝久贮不变臭味，曰七月七水，调药，治热性疮疥，极有特效。

同书《广州之七夕》一文，所述广州七夕风俗，着眼点又有不同：

> 广州风俗，綦重七夕，实则初六夜也。诸女士每逢是夕，于广庭设鹊桥，陈瓜果，焚檀楠，爇巨烛，锦屏绣椅，靓妆列坐，任人入观不禁，至三更而罢，极一时之盛。其陈设之品，又能聚米粘成小器皿，以胡麻粘成龙眼、荔枝、莲藕之属，极精致，然皆艺事，巧者能之。惟家家皆具有秧针一盂，陈于几，植以薄土，蓄以清泉，青葱可爱，乃女伴兼旬浸谷，昕夕量水，凭炎热天时酝酿而成者。

汪玉泉《羊城竹枝词》中有数则专吟广州七夕的"七娘会"风俗（赵杏根《中华节日风俗全书》，第240页）：

> 绣阁瑶扉取次开，花为屏障玉为台。清溪小妹蓝桥姊，有约今宵乞巧来。
>
> 约伴烧香历五更，搴裙几度下阶行。相看莫讶腰肢倦，街鼓遥传第四声。
>
> 姊妹追随上下肩，个侬新试嫁衣鲜。娇痴小妹工戏谑，明岁何人更谢仙。

正是因为在其他地方的七夕风俗日渐寥落的时候，广州的七夕风俗却是一枝独秀，并且独具一格，因此，才引来近世文人的关注和讴咏。直至今日，此种七娘会风俗，在广东的某些地方仍有流传，如广州珠村的七娘会，就远近闻名，近年来随着民众和地方政府对传统文化的关注，珠村的七娘会已经发展成了一个闻名南粤的大规模节会活动。

清末民初的珠村举人潘名江的《珠村七夕吟》，对于珠村七夕摆七娘的仪轨有着亲切的记述：

> 珠村大祠堂，要摆大七娘。
>
> 小女勤乞巧，男儿换靓装。
>
> 金钗簪翠黛，玉镯腕中藏。
>
> 富户多豪气，贫家忧米粮。
>
> 金风初送爽，丰歉漫评量。
>
> 执事张罗紧，砌作考姑娘。
>
> 请回老师傅，教给技艺长。
>
> 挖来白鳝泥，撮合韧似糖。
>
> 塑像姿婀娜，一式古时装。
>
> 武将披金甲，妖娆着衣裳。
>
> 琳琅光夺目，环佩响叮当。

巧手纤纤秀，秋波顾盼长。

鹊桥高架夜，主祭素衣装。

登唐行大礼，盛典极铺张。

雅乐高鸣奏，司仪捻玉腔。

娇声操国语，走调亦堂皇。

至祭者就位，长衫马褂光。

陪祭者就位，绉纱是唐装。

拈香小鬟侍，顶礼告上苍。

仙姬求下界，琼宴望亲尝。

奠基三杯酒，焚起一炉香。

叩头三通响，跪拜各周祥。

如仪恭祭后，执事布开张。

排队参观者，欢欣参观者。

品评工艺美，作价论短长。

津津言典故，混沌至玄黄。

人流摧逐逐，浏览总匆忙。

仕女多穿戴，罗衣递暗香。

梦魂犹记起，织女会女郎。

归来各捉弄，调侃笑哄堂。（转引自罗丹、徐天基的调查材料）

其文虽不甚雅驯，但足以道出珠村七夕盛典的热闹景象。

今日珠村的七娘会，与上述民国初期的情形相比，并无大的变化。节日期间，心灵手巧的姑娘们将自己精心制作的各种手工制品陈列于桌上，作为献给七娘（七仙女）的贡品，当地人称为"摆七娘"。珠村摆七娘的手工制品主要有如下数种：

①珠村牌坊。珠村村口的牌坊是人们进出珠村的必由之路，是珠村的象征性建筑。姑娘们将用各种材料精心制作的珠村牌坊模型摆在供桌上的显要位置，这是珠村摆七娘活动特有的供物。

②七夕公仔。用珠片、布头等材料制作的各色人物和场景，如牛郎织女鹊桥相会、樊梨花与薛丁山、四大美人、木兰从军等戏剧人物，划龙舟、亭台楼阁、田园农耕、游春踏青等各种日常生活场景，还有龙、凤凰、孔雀、大象、熊猫、雄狮、鸡鸭、禽鸟等各种珍禽异兽。

③七娘盘。用七色纸裁剪而成的小巧精致的仙女服饰，如拂尘、梳妆镜、发篦、裁剪刀、发簪、绣花鞋、玉钗等。一共七套，分别献给七位仙女。

④芝麻梅花香。巧姐们为"摆七娘"特制的炷香，香的表面用芝麻砌粘成无数小巧的梅花图案，故称芝麻梅花香。

⑤蜡梅花。用蜡捏成花瓣儿，用细铜丝穿扎为花朵，将花

珠环翠绕的七夕公仔（裴承艳、张顺强供图）

供桌上的各色祭品，包括仙禾、斋塔等（裴承艳、张顺强供图）

朵捆扎于梅树枝上，制成惟妙惟肖的蜡梅花。

⑥拜仙禾。巧女们将红豆、绿豆、谷粒等浸泡在大瓷碗中，待其发芽后，用红丝带或红纸带捆扎，陈列供桌之上。七月初六之夜，巧女们点起"拜仙禾"中间的油灯、香烛，向星空跪拜"迎仙"。

⑦珠片瓜果。用泡沫塑料和各种珠片制作的各种瓜果，如菠萝、柚子、杨桃、龙眼、荔枝、桃子、火龙果、橘子、莲藕、香蕉、茄子、葫芦瓜等。

⑧斋塔。用红枣、花生、冬菇、瓜子、红豆、绿豆、橄榄、谷粒等粘砌而成的七层或九层宝塔。"斋塔"摆放在供案前端，用以供奉七仙，亦有祈求五谷丰登之意。（据罗丹、徐天基的调查报告）

2. 南国犹存五代风

对比以上民国学者和当代学者对广州七夕七娘会风俗的记述与孟元老笔下宋代东京七夕风俗，不难发现两者之间的相似之处。

第一，广州七娘会上，用布头、珠片等制作的各色人物模型，即所谓"七夕公仔"，当由东京七夕的泥娃娃摩睺罗脱胎而来，尽管广州花样百出的七夕公仔与当年的泥娃娃相比，已经面目全非，但两者都是装饰华丽的玩偶，都是奉献于七夕筵之上。而且，粤语"公仔"谓"小孩子"，因此，"七夕公仔"之名，也暗示其最初并非像现在这样男女老少、生旦净末各色人物俱备，而只是一个泥娃娃。刘克庄《即事十首》的第五首写广市七夕风俗，诗云：

> 瓜果跽拳祝，睺罗扑卖声。粤人重巧夕，灯火到天明。

七夕的广州，市场上到处都是兜售摩睺罗的叫卖声，七夕之夜，灯火辉煌，欢声笑语通宵达旦，整首诗寥寥数语，已道出南宋时广州七夕的盛况。"睺罗"当然就是摩睺罗，诗人因为诗句格式的限制，将首字减省了。

第二，广州女子"拜禾仙"时所陈设的、种于瓷碗中且用彩带捆扎的禾苗，显然就是东京七夕市上售卖的"种生"，也就是阿多尼斯花园。与宋代的种生或生花盆儿相比，广州的"禾仙"在形制上居然几无变化。在西亚，阿多尼斯花园是献给塔穆兹或阿多尼斯的，塔穆兹或阿多尼斯是植物之神、五谷之神，广州人称之为"禾仙"，遗其名而得其意。此种"得意忘言"的情形，实为跨文化传播之通例。

用红枣、花生、冬菇、瓜子、红豆、绿豆、橄榄、谷粒等各种谷物制作的"斋塔"供奉七仙，其用意与"拜禾仙"相同，都是为了祈求丰稔。西亚的塔穆兹祭或阿多尼斯祭上，也会在塔穆兹或阿多尼斯的偶像前，陈设各种谷物，以寓祈年求丰之意。

第三，尤其值得注意的是，据《广州岁时记》，广州的乞巧节历时两天，即初六和初七，正与孟元老笔下的东京七夕风俗相合。当代学者的调查，也证明了这一点。东莞近世文人邓尔雅（1883—1954）有《癸亥七夕竹枝词》，即专吟初六乞巧之俗：

> 纸醉金迷斗巧工，民间俗尚仿深宫。改将七夕从初六，南国犹存五代风。

3. 七月六，祭康王

实际上，在广州，在七月六日这一天，除了拜七娘，还有一项重要的民俗活动，即祭康王或康元帅。《广州岁时记》载：

> 七月初六日，俗传为康元帅诞日，群往沙头庆祝之。亦有所谓主帅会，即醵资以供礼神之用。

至今广州的荔湾区还有康王阁和以康王庙命名的康王街。广州之外，在东南各地，尤其是客家地区，有众多供奉康元帅的康王庙，所谓有客家的地方就有康王庙。广州附近，东莞的石排镇、高埗镇都有康王庙。

康王庙所祀之康王，历史上实有其人，为北宋抗辽名将康保裔。《宋史》卷四百四十六《忠义传一》有传云："康保裔，河南洛阳人。祖志忠，后唐长兴中讨王都，战殁。父再遇，为龙捷指挥使，从太祖征李筠，又死于兵。保裔在周屡立战功，为东班押班。及再遇阵没，诏以保裔代父职。"康保裔从诸将战契丹，屡建战功，"累迁日骑都虞候，转龙卫指挥使，领登州刺史。端拱初，授淄州团练使，徙定州天雄军，驻泊部署。寻知代州，移深州，又徙高阳关副都部署，就加侍卫马军都虞候，领凉州观察使"。真宗时，"俄领彰国军节度，出为并代都部署，徙知天雄军……复为高阳关都部署"。后与辽军战于河间，因援兵不继，力战而死，真宗"闻之震悼，废朝二日"。

宋人祀康保裔，当然跟康保裔一门英烈、为国捐躯有关，但是，康保裔为北宋时人，籍贯洛阳，其征战之地也是在北方，何以康王之祀却主要集中于岭南及客家地区，而且其祀日又恰在七月六日，这一点委实耐人寻味。康王之祀，很可能跟胡商有关。众所周知，昭武九姓胡入华，多以其国为姓，如康国人姓康，安国人姓安，米国人姓米之类，康保裔恰姓康。康保裔祖居河南洛阳，从北魏以至于唐代，洛阳都是胡人和胡商的聚居地。因此，康保裔极有可能是入华康国人之后裔，而康王庙在广州以及东南沿海地区的广泛存在则可能与北宋以后中原人口大量南迁有关。

二、闽台儿郎拜魁星

1. 七月七日魁星诞

清代七夕，还有一种前所未见的风俗，即拜魁星。在东南沿海地区，如浙江、福建、台湾等地方，七月七日被认为是魁星生日，因此，当地的人们有在这一天拜魁星的风俗。

七月七日拜魁星，清代之前难觅踪迹，只在清代的一些文人诗文中才被提及。康乾之际，福建崇安（今武夷）学者董天工《台海见闻录》卷二载台湾祝七娘、七夕拜魁星风俗：

> 七夕为乞巧会，家家设牲醴、果品、花粉之属，夜向檐前祝七娘寿。或曰：魁星于是日生，士子为魁星会，竟夕欢饮。张巡方有诗："露重风轻七夕凉，魁星高燕共称觞。幽窗还听喁喁语，花果香灯祝七娘。"

康乾之际的浙江学者钱琦（1704—？），在其《澄碧斋诗钞》卷八有《台湾竹枝词》，其中一首即吟台湾拜魁星风俗：

五彩亭前祝七娘，三家村里拜文昌。

桥填乌鹊星联斗，天上人间各自忙。

（自注："村塾以是日为魁星寿诞，联会欢宴竟日。"）

（转引自赵杏根《中华节日风俗全书》，第248页）

另一位清代学者郑大枢《台湾竹枝词·七夕》亦云：

今宵牛女度佳期，海外曾无鹊踏枝。

屠狗祭魁成底事，结缘煮豆待何时。

因为在世俗观念中，文昌星和魁星两个星神都主文场科名，都为文人举子所热衷，所以钱琦将拜魁星与拜文昌搞混了，实际上，拜文昌自有时日，是在二月初二，而非七月七日，文昌和魁星虽然皆关科名，却完全不是一回事儿。清代福建的文人，就既在二月二日拜文昌，又在七月七日拜魁星，说明在民间，两者各司其职，井水不犯河水。康乾间学者、福建漳浦人蔡衍鋐对当时福建文人热衷拜文昌、拜魁星的习气极为反感，曾上书知府，请求禁绝淫祀，其上书有助于我们进一步了解当地拜魁星以及拜文昌风俗：

> 闽浙尚鬼，自城市以至郊坰，祠宇之建非一，自立春以至除夕，迎神之会非一……其义取诸祈禳，其祠建于井里，故其事虽淫，不足以害正，其辞虽妄，但可以欺愚，未有设像贤关，立祠圣域，始于士类，终于有司，如祀文昌魁星之甚者也。夫文昌、魁星，皆星也……且星之系于天者多矣，不知何因而专祀此二星。且称二星以"帝"也，星而尊之以帝矣，又不知何因而或塑为缙绅之容，或挺为魑魅之像也……夫名之曰星，自开辟以来，古已有之，夫何据而以二月二日为文昌降生之旦，又何据而以七月七日或正月望日为魁星初度之辰？小则设供称觞，骏奔恐后；大则宣巫搬剧，举国若狂，岂经典之所不及载者，彼祀之者独深知其详欤？尤其甚者，诡造阴骘之文，托为文昌之训，刊流布广，耸乱听闻……或曰：二星，文星也，专掌桂箓士子，祀之取科名易易。夫不思自奋，而邀福于神，其人可知也……更可笑者，取朱衣点头之义，塑朱衣人，取春秋两闱之义，塑春秋保神，渎礼不经，竟同儿戏。官司不能明禁，反从而信奉之，间或春秋丁祭，分献及焉……详考累朝祀

典，不载文昌、魁星等神，彼私祀于民者，且宜销毁，况设想在学者，可勿速除？（蔡衍鎤《操斋集》文部卷三《上郭制府请罢淫祀书》）

据其所言可见：第一，闽浙一带风俗，二月二日拜文昌，七月七日拜魁星；第二，参加拜祭的主要是文人学子，官府（有司）亦参与其事；第三，祭拜时供奉塑像，文昌是衣冠楚楚的缙绅君子打扮，魁星则是头角峥嵘的魑魅鬼怪之像；第四，当地民间甚至加文昌和魁星以尊号曰"帝"，可见其尊崇；第五，当地人相信两星主文运，祭祀它们是为了博取功名；第六，当地人甚至有专门宣扬文昌星功德的阴骘文，广为传布，其事已近乎宗教；第七，拜文昌和拜魁星，规模有小、大之别，小者只是设供称觞，祭献牺牲，参与者大概只是文人举子，大者则有巫觋作场，演戏娱神，人神糅杂，举国若狂，已成为一个场面可观的狂欢聚会。

因为发音相近，在福建一些地方，魁星还被与奎星混淆，福建的文人们还甚至因为奎字与蛙（畫）字相近，戒食青蛙，以免冒犯魁星，导致科场失利。清末期学者、浙江钱塘人施鸿宝（？—1871）在《闽杂记》中提到：

龙岩州士人皆戒食蛙。七月七日为魁星诞，必买大者，祀而放之池中。按蛙能食蝗，故例禁食，南宋时已然。洪迈《容斋随笔》所记坐鱼事可证也。独士人戒食，又以祀魁星，初甚不解。后读《史记·律书》有云："北至于奎。"徐广注："奎，一作蚕。"蚕即蛙字也。乃知因此而误，然以奎作蛙，乃假借字，而遂以蚕为奎宿之神，可乎？

龙岩的士子为了金榜题名，居然连青蛙也不敢吃，其事可笑，其情可悯，我们可以置而不论。但施鸿宝留下的这一笔，至少告诉我们，清代的福建七月七日拜魁星风俗之深入人心。

清代的浙江也有此俗。清末一代文宗俞樾，在掌教杭州诂经精舍时，就对此事致意再三。其《春在堂诗编》乙丙编《七月七日为魁星生日，见施可斋〈闽杂记〉因祀之而记以诗》即因此而作，其诗云：

文昌司桂籍，语始于宋时。袁桷《清容集》，曾载其清词。斗魁戴文昌，《天官书》有之。因文昌及魁，祀之良亦宜。或谓宜祀奎，我又窃献疑。奎星为毒螫，武库其所司。试问缝掖徒，祀奎义何居？不如仍其旧，实亦无可訾。宋代有轶事，流传自淳熙。魁星始临蜀，又向吴中移。及乎胪唱日，试卷帝亲披。甲乙忽互移，甲蜀乙吴儿。始叹太史言，占验不我欺。可知魁星重，自宋非今兹。怪其为状丑，乃如蒙倛俱。得毋肖字形，宜为亭林嗤。然而天星像，往往多怪奇。二十八宿形，朝暮殊妍媸。岁星为老人，荧惑为儿嬉。安必魁星容，白皙鬒须眉？慎勿笑忉侸，犹胜拜钟馗。惟是天垂象，非有生辰垂。乃读《闽杂记》，不知传自谁。云七月七日，是其悬弧期。牛女方良会，汤饼应见遗。此俗本龙岩，江浙无人知。文昌有生日，秩祀兼官私。即援文昌例，可为魁星推。礼固以义起，事皆由人为。敬以乞巧日，再拜陈一卮。不徒寿以酒，又且张以诗。光芒万丈中，如见掔擘姿。

俞氏自己写诗还不算，还命精舍诸生如法炮制，意犹未尽，复作一章以答诸生：

余既作魁星生日诗，并命诂经精舍诸生同作之。或问魁星生日，何以必于七月七日，无以应也。戏作一诗答之：

《艺文类聚》无中秋，而已载有七月七。汉武皇帝是日生，不闻更有人同日。今为魁星做生辰，此事何从稽故实。尝读王逵《蠡海集》，诸神生辰各有说。然则魁星义何居，以理推求辞转窒。或者北斗有七星，而魁于斗居第一。故即以七为月数，一七得七魁星出。又闻魁为阳为明，此理曾闻孟康述。七为少阳九老阳，老阳一变失其质。魁生以七不以九，义取少阳阳始苗。至若明莫明于火，焱焱炎炎孰与匹。地二生火七成之，以数取之义亦密。无怪举世仰魁光，万丈辉煌观者怵。宋制州试以仲秋，自宋至今用一律。先期一月祀魁星，礼亦宜之非有失。我为魁星一再歌，定有光芒照蓬荜。

对七月七日魁星生日，俞氏不仅赋诗吟之，而且还撰文论之，其《春在堂续钞》卷十九《魁星生日》及《茶香室丛钞》卷十五《魁星》皆论此事。士人重功名，魁星主文运，俞樾为东南士林一代领袖，他对魁星念兹在兹，自是情理之中。

2. 流传自淳熙，独盛东海裔

七月七日拜魁星或过魁星生日的风俗，虽是迟至清代才频见于文献记载，但早在宋代就已经显山露水。上引俞樾魁星生日诗，与其说是诗，不如说是一篇拜魁星风俗源流考，为我们探究魁星崇拜的来历提供了现成的线索。在诗中，俞氏认为文人拜魁星，最早始于宋代，诗中说："宋代有轶事，流传自淳熙。魁星始临蜀，又向吴中移。及乎胪唱日，试卷帝亲披。甲乙忽互移，甲蜀乙吴儿。始叹太史言，占验不我欺。可知魁星重，自宋非今兹。"俞氏云云，指的是元代学者刘埙（1240—1319，字起潜，江西南丰人）在《隐居通议》卷二十八《魁星移次》中记载的一件宋代轶事，其文谓：

> 淳熙中殿试进士，有邓太史者告周益公，魁星临蜀。胪传先一日，又告：夕有震雷，魁星自蜀移照吴分。及期，上忽以第一卷与第二卷互易之，吴人果第一，蜀人第二，当时咸奇验其言。此事甚神。前辈谓：古天官书无魁星之名，今所绘像又与斗魁不同，使此星即斗魁，安得移照分野，且移照又先以雷，尤为甚异。

说的是，淳熙年间某年"高考"，朝廷的占星术士宣布，魁星照耀四川，四川要出状元。谁知到了唱名发榜的前一天，术士又报告说，晚上将会打雷，届时原在四川上空的魁星，将会移到江苏。到第二天唱名发榜时，天子打坐在金銮殿，待要宣布前三甲名单，谁是状元，谁是榜眼，眼看即将揭晓，大殿之上，众臣敛息。只见天子不知何故，不声不响地将第一名和第二名的卷子互换了位置。于是，原来排名第二的江苏考生成了状元,而原来名列魁首的四川考生,却屈居第二,变成了榜眼。天命难违,圣意叵测,翻云覆雨一瞬间,四川的考生眼看就蟾宫折桂,却中途跌转。想来是这厮光顾进京赶考,行前忘了给魁星爷进供猪头,打点不周,功亏一篑,也只好自认倒霉了。

科举制度兴于隋唐,但纵观唐代文献,并无以魁星喻状元之说,到了宋代,相关记载则频频见于文人的诗文之中,足证此一观念始于宋代。

宋代文人赋诗酬答,常以魁星寄托科场蟾宫折桂或官场平步青云之意,如下述诗句:

> 天王出震寰海清,魁星灿灿昭文明。诏会郡国多贡士,大张珠网罗群英。(王禹偁《应制皇帝亲试贡士诗》)

> 一鸣曾使万人惊,亘地驰声若建瓴。此日东州披宿雾,几年南斗避魁星。(洪适《盘洲文集》卷六十七《会汪正字乐语》)

> 登陆由来说四明,台星光处更魁星。海滨二老尊周室,馆下诸生右汉廷。(范成大《石湖诗集》卷二十一《鹿鸣席上赠贡士》)

昼绣归来自帝京，魁星双照锦官城。持衡称职真能事，劝驾何功亦与荣。（袁说友《东塘集》卷五《宴许戍子魏华文二魁》）

客星又转作魁星，蚤应文科策汉庭。紫气初来朝北极，长鹓一奋刷南溟。（曾丰《缘督集》卷九《上广东运副马少卿寿》）

闽州长者旧家声，德厚流光产俊英……胪句一传喑万马，祥云五色捧魁星。（王迈《臞轩集》卷十五《送黄殿讲成父赴广东漕四首》）

金斗高跳鬼状狞，世传此像是魁星。祥光闪烁开先兆，助子秋闱笔砚灵。（李昴英《文溪集》卷十七《送魁星与李子先》）

黄堂燕衍盛衣冠，人道魁星照建安。多士权衡推月旦，一番桃李属春官。（《翰苑新书·别集》卷八叶西涧《建府戊午鹿鸣宴》）

久嗟留滞压丛轻，桃李无言向野亭……何日蒲轮趋台节，便看两两映魁星。（傅察《忠肃集》卷上《和鲍守次韵林德祖十四首》）

奉试词场三十年，柳度夜夜魁星躔。集英殿下听胪传，唱在第十众所冤。（陈起《江湖后集》卷七赵汝回《送卢五方春分教端州》）

值得注意的是，上述文人里籍，多为东南之福建、浙江、江西和广东：洪适（1117—1184），饶州鄱阳人；袁说友，（1140—1204），福建建安人；曾丰（1142—1224），江西乐安人；王迈（1184—1248），福建仙游人；叶西涧，江西上饶人；赵汝回（1188—？），浙江永嘉。这固然与北宋以降，东南文运昌盛、人才辈出有关，亦当与魁星主文运的观念在此地的流布有关。

宋人诗文还证明，当时已有了文人拜魁星的风俗。以别号"雪坡"为世所知的宋代著名学者姚勉（1216—1262），江西庐陵人，一生勤奋好学，日诵数千言，自幼即有魁天下之志。宝祐元年（1253）殿试，果然独占鳌首，点为状元。大概正因为科场得意，故姚氏终生都对魁星感恩戴德。《雪坡集》

卷四十七中收有拜魁星文三篇：《西涧书院祭魁星》《正谊书院祭魁星》《乙卯秋祭魁星》。此外，姚勉还撰有《魁星赞》《惠应庙塑魁星像序》等文。魁星确实眷顾庐陵，就在姚勉蟾宫折桂后第四年，即宝祐四年（1256），庐陵人文天祥（1236—1283）又金榜题名，高中状元。文天祥也撰有《代富川酹魁星文》（载《文山集》卷十六）一文，颂扬魁星功德。文天祥还亲笔为家乡庐陵乡校题壁一盈尺的"魁"字，勉励后进，直到明代，光焰犹在（见明人王直《抑庵文后集》卷十九《序魁星图》）。

庐陵在历史上确实是一个人杰地灵、文运昌盛的地方。唐、宋、元、明、清五朝，庐陵先后出了二十一位状元、十六位榜眼、十四位探花、三千位进士，仅明代就出进士近千名，建文二年（1400）庚辰科和永乐二年（1404）甲申科，殿试前三甲，皆为庐陵人，一时传为佳话。庐陵人诗书传家，家弦户诵，当地甚至出现了"隔河两宰相，五里三状元"的奇观。"唐宋八大家"之一欧阳修、南宋"中兴四诗人"之一杨万里皆是庐陵人，明代《永乐大典》主编解缙也是庐陵人。庐陵文人荟萃，书院众多，司掌文运的魁星，在此深受敬奉，自是情理之中。

姚勉的三篇祭魁星文还表明，在宋代，至少在庐陵地方，祭魁星仪式是在七月初举行的。《正谊书院祭魁星》云："维七月朔，乃三秋之第一日，用率众俊，藏礼大魁。"明确说明祭祀魁星是在七月初一。《乙卯秋祭魁星》的题目已点明其时在秋天，《西涧书院祭魁星》则有"秋风联辔，铃声喧㙊"之句，亦暗示其时为秋，由此可见，七月七日拜魁星或以七月七日为魁星生日的风俗，尽管迟至清代才见于载记，却是滥觞自宋代。

宋人对魁星敬之拜之，必定建庙立祀以安之供之。供奉魁星之所，即所谓魁星堂或魁星楼。直到现在，全国各地仍遗存有众多以魁星楼、魁星阁、魁星台为名的古建筑遗迹，明清地方志对各地的此类建筑，也多有记著。魁星楼之类的建筑，常常建于书院、府学、乡校之内或附近，供当地文人士子拜祀祭奠，求取功名。此类建筑，始于宋代，宋代之前的文献中，则一无所见。姚勉《雪坡集》卷三十三收录一篇魁星堂的记文《武宁田氏魁星堂记》，此外，方大琮《铁庵集》卷三十三有《魁星堂》，宋人王霆震编《古文集成》卷十二有杨东山《吉州吉水县魁星楼记》，何梦桂《潜斋集》卷九有《淳安县学魁星楼记》。武宁，在今江西，宋代属洪州。方大琮（1183—1247）为福建莆田人。吉州，亦即庐陵。何梦桂（1229—1303）为浙江淳安人，咸淳元年（1265）省试第一，中省魁，同岁殿试第三名，中探花。可见，此类供奉魁星的场所，在宋代也主要见于东南一隅。

姚勉《武宁田氏魁星堂记》载魁星堂之缘起云：

武宁田德彝伦（按：名伦，字德彝）距所居里余，有山曰石狮，溪曰金鸡，水折而汇焉。其境特秀，岁嘉熙庚子，里人有梦魁星临于兹山之巅者，是年从孙允中首荐于洪（按：洪州），癸卯，弟伟继荐。戊申，子可与又以童科擢。由是益神所梦，即山建祠，祀魁星。为溪前立精舍，号龙峰书室。萃秀子弟讲习，魁兆日彰矣。顾未有记，癸丑田君与同年余君巽龙，会予于京，请记之。

十余年间，武宁田氏一家祖孙三人连被乡荐，非同寻常，必有神灵暗中护佑。原来，嘉熙庚子年间（1240），魁星神降临了田家的狮子山，并托梦给同里的乡亲，以示祥兆。田家为报答魁星的眷顾，就在魁星降临的狮子山上建起了魁星堂，供奉魁星神君，并在附近筑书院，供优秀子弟读书。魁星堂之建，魁星降临之梦，都说明魁星崇拜在当地之深入人心。

以上我们不嫌啰嗦，罗列宋代魁星崇拜风俗的史料，试图说明：

第一，魁星崇拜始于宋代。魁星主文运、魁星喻状元、文人拜魁星、构筑魁星堂诸风俗及其观念，未见于宋以前文献。

第二，在宋代，魁星崇拜主要见于东南的闽、浙、赣地区。两宋期间，在诗文中对魁星津津乐道的文人，籍贯大多为闽、浙、赣三省。魁星楼、魁星堂之类的建筑，也唯见于这些地方。

第三，宋代祭魁星的日期在初秋或七月初，说明东南地区民间七月七日拜魁星的风俗或七月七日魁星生日的观念，源远流长，最早可以追溯到宋代。

3. 鬼踢斗

拜神必有神像，因此观音庙有观音像，关公庙有关羽像，土地庙有土地爷爷和土地奶奶像，拜魁星也不例外，文人拜魁星，照例要悬挂魁星像，魁星像是魁星阁、魁星楼等所必备之陈设。现在全国南北各地保存较好的魁星楼、魁星阁里还都供奉有魁星神像。南京夫子庙是明清时期的江南贡院，是江南士子每年应举赶考的地方。贡院的魁星阁至今尚存，是南京夫子庙的标志性建筑，魁星阁塑着一尊魁星神像，却跟一般庙宇中方头大耳、庄严肃穆的神像大相径庭，魁星长着一张丑陋狰恶、半人半鬼的面孔，不是四平八稳地坐着，而是一只脚站立，一只脚向后翘起，一手拿着一只方形的斗，一手高举一支笔杆子，作手舞足蹈之状，这个造型，就是所谓"魁星点斗"。古代来贡院赶考的士子们，都要首先朝拜这位魁星神座，祈求大神保佑自己旗开得胜，金榜题名。

这种魁星神的造型始见于宋代。宋人姚勉《雪坡集》卷三十八《惠应庙塑魁星像序》云："大乾主功名之神也。行庙在新昌，土奉之，应如响。欲相率像魁星以祀。"可见从宋代开始，就有在魁星庙中陈设魁星像的习俗。此外，宋人徐元杰（1196—1246，江西上饶人）有《魁星赞》（《梅野集》卷十一），李昂英（1201—1257，番禺人）有《送魁星与李子先》（《文溪集》卷十七），元人虞集（1272—1348）有《题陈彦和魁星图》（《道园学古录》卷十），明人王直（1379—1462）有《序魁星图》（《抑庵文后集》卷十九），归有光（1506—1571）有《魁星赞》（《震川集》卷二十九），孙绪（约1514—？）有《邢秀才魁星图》（《沙溪集》卷十八），顾宪成（1550—1612）有《题魁星图》（《泾皋藏稿》卷十五），娄坚有《题画魁星赞》（《学古绪言》卷二十三），徐祯卿（1479—1511）有《魁星图》（钱穀编《吴都文粹续集》卷二十六），清李光地有《题魁星画像》（《榕村集》卷三十七）等，足见宋、元以迄明、清，魁星像已经成为文人绘画的一个常见话题。文人常常将魁星图送给进京赴考的朋友，以寓祝福之意。至今在各地的魁星阁、魁星楼中，仍能看到魁星的木刻像、雕像和绘画，有些人家，或古董收藏者，还收藏着祖辈传下来的形形色色的小型魁星像，有木雕、石雕、玉雕、铜雕、牙雕以及绘画等，此外，在传世的瓷器以及文房四宝上也常常会雕饰有魁星形象。

【清】马德昭《魁星点斗图》拓片（碑石现藏西安碑林博物馆）

这些魁星像尽管材料、形制各异，其中魁星的形象、姿态却大同小异。各种魁星像中，魁星形象俱生得极为丑陋狞恶，豹子眼，扫帚眉，箕嘴獠牙突出，头角峥嵘似鬼，令人望而生畏，不像文弱书生，却似面目狰狞的鬼师钟馗，从他这般尊容，根本看不出一丝一毫文质彬彬的书卷之气，古代的文人举子，居然跟这样一位凶神恶煞求取功名，未免有些滑稽。尤其值得注意的是这些画面中魁星的动作，几乎如出一辙。但见魁星神君左臂环抱于胸前，右手高举一支毛笔，这是这位魁星夫子身上唯

魁星像

图源 Henry Doré, S.J. *The Chinese Pantheon, in Researches into Chinese Superstitions*, Vol. VI

——件能让人将他与书生文人联系起来的道具。魁星站立的姿态别具一格，右脚站立，左脚高高踢起，作金鸡独立之状。有的造像中，魁星右脚站在摇尾奋鳍的鳌鱼之上，取"独占鳌首"之意。魁星高抬的左脚之上，则往往是一串连珠，那是象征这位魁星神君身份的星斗，在很多造像中，为了点明这串连珠是北斗，还特意在连珠之上缀饰一只方斗。

此种挥笔踢斗的魁星造型，在所有的魁星像中，几乎成为定式，以至于此种姿态得到了一个特有的名字，即所谓"魁星踢斗"，又因魁星相貌丑恶，三分像人七分像鬼，因此，又被称为"鬼踢斗"。"魁星踢斗"的造型，从宋代就已经成为定式了。宋人徐元杰《梅野集》卷十一《魁星赞》就活脱脱地道出了宋代人看到的魁星尊像：

> 头发蓬松，形骸卓缩，瞋目怒眉，拈手弄脚，会看一踢北斗翻，恁时与我露头角。

此外，如宋人李昂英《文溪集》卷十七《送魁星与李子先》云："金斗高跳鬼状狞，世传此像是魁星。祥光闪烁开先兆，助子秋闱笔砚灵。"明人陆容（1436—1497，苏州太仓人）《菽园杂记》卷二称他于天顺癸未赴京会试，开考前夕，在下榻的旅馆中画了一幅《魁星图》，并自题其画云："天门之下，有鬼踢斗。癸未之魁，笔锭入手。"他画的魁星一手持笔，一手持银锭，抬脚踢北斗，也是典型的鬼踢斗造型。却说陆容将画好的魁星图贴在旅馆的墙上，实指望能够图个吉利，让魁星保佑自己蟾宫折桂、金榜题名。谁知魁星图贴上去不久，就莫名其妙地失踪了。事后不久，陆容到友人温秉中家拜访，却发现住在他家的陆鼎仪正在把玩一张魁星图，陆鼎仪也是来京赶考的举子。陆容仔细一看，陆鼎仪的那幅魁星图正是自己画的那张，就问他画是从哪里来的。陆鼎仪告诉他说，画是他昨日倚门闲眺时，一个小孩给他看这张画，他用一个果子换来的。陆容听罢，当下默默不语。不久，进士榜公布，陆鼎仪果然高中状元，而陆容自己则名落孙山。

清代著名学者赵翼说，乡下搬演村戏，戏中有魁星登台做场，戏台上的魁星一手持笔杆，一手持元宝，起足踢斗，踉跄跳掷。赵翼因为既作得好诗文，家里又不愁吃穿，因此被村里人比作一手握笔杆子一手握金元宝的魁星。他很是不忿，心想老夫生得有那么丑吗？于是赋诗一首，诗曰《戏题魁星像》，诗中大发牢骚："老夫颜状纵不美，何至被人拟做鬼？"（《瓯北集》卷四十四）

可见，魁星神君自从在宋代踢破混沌、横空出世之后，这副鬼踢斗的姿态就成了定格，直到清代乃至当今，一直未变。

那么，魁星这种"鬼踢斗"的形象和造型，又有何说法呢？按照常理，魁星既然是专司"文章之府"的文人之神，专管文采风流之事，应该是一位白衣飘飘的翩翩佳公子才对，可是，在宋人的心目中，他何以呈现为如此一番古怪的容颜和动作呢？

其实，"魁星踢斗"的形象就是对"魁"字的图解，顾炎武《日知录》卷三十二《魁》就说："不能像魁，而取之字形，为鬼举足而起其斗。"魁字之字形与魁星之造型，两相对比，确实惟妙惟肖，因此此说甚为流行，大凡你到一个地方的魁星阁去参观，看到其中的魁星造像，导游都会如此解释。

三、魁星之谜

七月七日乞巧节，原本是牛郎织女一年一度鹊桥相会的日子，织女星和牵牛星，才是七夕故事的主角，但是，在东南地区的乞巧节上，却完全不见牵牛郎的身影，他的位置被一个不知是何来历、相貌丑陋的魁星取而代之了。这个魁星，不仅跟织女毫无瓜葛，跟牵牛也毫无相似之处。天上的牵牛最初是象征牺牲，后来则象征天上紫微宫看守河关的将军，即河鼓。地上的牵牛，即传说故事中的牵牛，则是一位老实巴交的庄稼汉、家境贫寒的放牛郎。至于魁星，管的则是舞文弄墨、功名利禄的事体，两者的身份毫不搭界。

宋代之前的七夕，主要活动是穿针引线求女红之巧，主角是女子，全与男人无涉。唐代的柳宗元《乞巧文》称，他在七夕之夜由外归来，见家中女眷正在设筵乞巧，"馔饵馨香，蔬果交罗，插竹垂绥，剖瓜犬牙，且拜且祈"。从柳宗元的笔下，我们不难看出，唐代的乞巧，犹是女人擅场。不知趣的河东先生心血来潮，想借女人乞巧的机会向织女套近乎，结果碰了一鼻子灰。而且，唐代七夕所求之神，肯定还没有魁星，这位在北宋已崭露头角，至南宋则大放光明的魁星，肯定还未曾照临唐代的长安。若非如此，河东先生何必拜错菩萨烧错香，放着专门批发官帽的魁星神君不求，却去求一个只管女红针黹的织女天孙？

那么，这位在宋代斜刺里冒出来的魁星神君，究竟是何方神圣？又是何种来历？他何以首先光顾东南方并对闽、粤、赣士子眷顾有加？他是东南一方土生土长的乡土之神，还是另有更加悠远的来路？

要了解拜魁星风俗的来历，先要知道宋人所拜之魁星究为何星。对于魁星，宋人异口同辞，皆指为斗魁。北斗星共有七颗星，即天枢、天璇、天玑、天权、玉衡、开阳、摇光，七星形成一把勺子的形象，古人将天枢、天璇、天玑、天权组成的勺子头称为魁，将玉衡、开阳、瑶光组成勺子柄称斗杓。宋人认为，其所拜的魁星，即指斗魁。如姚勉云：

> 夫魁，北斗上四星也，斗在天，酌四时，运阴阳，众星辰皆宗焉，斗，星之首也，魁又斗之首也。（姚勉《雪坡集》卷三十三《武宁田氏魁星堂记》）

文天祥云：

> 维极有斗兮，垂河汉以耀芒。耿众星之环向兮，俨黄道之开张。（文天祥《文山集》卷十六《代富川酹魁星文》）

何梦桂亦云：

> 魁星楼，盖取北斗第一星名也。魁居斗一，为天枢。枢，所以旋斗杓而行乎周天也。志天文者，谓斗璇玑四星皆为魁，

号不同，而其为魁首义一也。（何梦桂《潜斋集》卷九《淳安县学魁星楼记》）

古人相信人事系于天，星象的变化可以影响人间事务，因此就根据地上朝廷的官府和事务对星星一一命名，是为"星官"或"天官"，每一个星官（相当于西方天文学中的星座）相当于人间朝廷的一个部门，各有其名，各司其职。《史记·天官书》中对每一个星官的职司都有明确的记载，关于北斗，其说谓：

斗为帝车，运于中央，临制四乡。分阴阳，建四时，均五行，移节度，定诸纪，皆系于斗。

《史记·天官书》将北斗七星视为一个整体，斗魁只是斗的一个组成部分，因此并无单独的象征意义。《天官书》的这套星官系统，一直延续下来，《宋史·天文志》即沿袭了其"斗为帝车"的说法。也就是说，在中国传统的星官观念中，斗魁与文人及其命运之间，并无任何瓜葛，其作为天之枢纽，作为上帝之车，具有统率整个天庭全局的威能，其一举一动，关乎整个天下的治乱，怎么可能屈尊纡贵，汲汲眷顾于文人书生的科名和禄位呢？总之，宋人以魁星主文运，在中国传统的星官观念中，于古无征，全无来由。

鉴于魁星本身原本与文人无关，宋人为了给拜魁星找一个说法，又扯上了文昌星或三台星，认为文人之所以崇奉魁星，跟它附近的三台星有关。姚勉《西涧书院祭魁星》云："维斗有星，第一曰魁，上拱紫微，旁列三台，司文之权。"（《雪坡集》卷四十七）范成大《鹿鸣席上赠贡士》云："登陆由来说四明，台星光处更魁星。"（《石湖诗集》卷二十一）戴栩《贺史佑神正启》云："抱高科而未试，魁星密映于台星。"（《浣川集》卷六）所谓"三台""台星"指的就是三台星，所谓"台星光处更魁星""魁星密映于台星"，意谓魁星与三台星靠得很近。三台星，《史记·天官书》又名"三能"：

> 斗为帝车，运于中央，临制四乡。分阴阳，建四时，均五行，移节度，定诸纪，皆系于斗。斗魁戴匡六星曰文昌宫：一曰上将，二曰次将，三曰贵相，四曰司命，五曰司中，六曰司禄……魁下六星，两两相比者，名曰三能。

《史记集解》引苏林曰："能音台。"《史记索隐》云："魁下六星，两两相比，曰三台。"文昌星是斗魁上面的六颗星，三台星是斗魁下面的三颗星，这两组星都紧邻北斗，斗为帝车，因此，古人就把这两组分居帝车左右的星想象为辅佐上帝治理天下的官府。"三台"，原本就是人间朝廷的官府之名，秦、汉时期，以尚书为中台、御史为宪台、谒者为外台，合称三台。《后汉书·袁绍传》："坐召三台，专制朝政。"李贤注引《晋书》云："汉官，尚书为中台，御史为宪台，谒者为外台，是谓三台。"由于"三台"为朝廷中最高的官府，"文昌"又寓有"文运昌盛"之义，而莘莘学子穷经皓首，所求的无非是科场得意、高官厚禄，所以文昌星和三台星就成为后世士子举子崇拜的对象，文昌帝君也就成了主司文士科名之神，深受历代文人的供奉。《宋史·天文志》载"文昌六星"，第四星"曰司禄、司中、司隶，赏功进"。可见，在宋代人看来，文人的功名利禄是由文昌星注定的。文昌、三台二星"司文之权"，史有明载，而斗魁毗邻文昌、三台，所以姚勉、范成大、戴栩等人就将当时文人之奉魁星，归因于"魁星密映于台星"之故。

此说貌似有理，实则也讲不通。如前引蔡衍鏐《上郭制府请罢淫祀书》所言，闽、浙人在每年的二月二日拜文昌，在每年的七月七日和正月十五日拜魁星，两者各有祀日，其神像、仪式也各自不同，说明直到清代，民间对于文昌星和魁星的祭拜，分得还是很清楚的，则两种传统必定一直是泾渭分明，并行不悖，因此，宋代学者把拜魁星和拜文昌混为一谈，不足为训。

况且，文昌主文运之说起源甚早，文昌星"司文之权"的观念在宋代早已深入人心，若拜魁星与拜文昌果是同一渊源，宋人又何必节外生枝，在"文昌"之外另标"魁星"之目呢？

明末清初的著名学者顾炎武（1613—1682）对文人拜魁星习俗之缘由提出了另一种解释，其《日知录》卷三十二有《魁》一文，即专论其事。顾氏称"今人所奉魁星，不知始自何年"，可见，以顾氏之长于考史，也对魁星崇拜之来历倍感迷惘。他说："以奎为文章之府，故立庙祀之。乃不能像奎，而改奎为魁，又不能像魁，而取之字形，为鬼举足而起其斗。"他认为魁星本来应作奎星，奎星才是主司文人利禄的"文章之府"，后人因为"魁""奎"二字声音相近的缘故，而将奎星误为魁星了。因此，世人拜魁星，实属阴差阳错，拜错了庙门。

但是，顾炎武认为"魁"出于"奎"，奎才是主司文运的文章之府，却羌无故实，实际上，在传统天官系统中，奎星与文人风马牛不相及。奎为二十八宿中之西方星宿，《史记·天官书》云："奎曰封豕，为沟渎。"《史记·律书》则云："奎者，主毒螫，杀万物也。"在古人的心目中，奎是一头贪婪的封豕（大猪），或者是歹毒的害虫，与文采风流的文人雅士全不沾边，不知顾氏"奎为文章之府"一说有何根据。清代史学大家钱大昕（1728—1804）《十驾斋养新录余录》卷十九《魁星》一文，即据《史记·天官书》驳顾氏此说。但是，钱氏也指出："学校祀魁星，于古未闻也。"并根据清代新定《续通志》的记载，指出魁星楼之建，实始于南宋。又云："学校祀魁星，虽非古礼，征之新定志，则为斗魁，非奎宿，明矣。"钱氏虽断定文人所奉之魁星即斗魁，但是，对于奉祀魁星这一风俗之来历，却也说不出个所以然来。

始于宋代的拜魁星风俗，至清代更是蔚然成风，并从东南一隅流布遍宇内，清代府县方志中，多有关于魁星楼的记载。正是有感于此种风气，清季之末，一代学界领袖俞曲园，又是撰文，又是赋诗，对于魁星再三致意，并亲率门徒，奠酒陈诗，为魁星拜寿，"敬以乞巧日，再拜陈一卮。不徒寿以酒，又且张以诗。光芒万丈中，如见鬈鬞姿"。但是，对于拜魁星风俗以及魁星七月七日生日之说的来历，俞氏除了重复前人诸说之外，到底也没说出个子丑寅卯来。

1. 魁星本是天狼星

那么，这个连博通古今、长于考据的清世学者都百思不得其解的魁星，究竟是何来历呢？拜魁星的风俗在宋代突然涌现，宋代之前难觅其踪，而且，宋代之前，七夕所拜之星为织女星，主角是女子，而拜魁星则纯乎士子之事，既与织女星无关，又与女子无关，这表明此种起于宋代的风俗，并非传统七夕的固有之事。此俗既非传统固有，则当另求其渊源。

自宋迄清，此种风俗主要流行于闽、浙、赣、台等东南沿海地区，我们在上文曾经指出，东南沿海因为海上交通的缘故，当地的港口商埠，自唐代之后，即为来自波斯、阿拉伯的海客番商的会聚之地，其宗教、风俗包括七夕风俗深受外来文化之沁染，至今余风犹存的广州七夕"摆七娘"风俗中的"七夕公仔"和"拜禾仙"与宋代汴梁的"摩睺罗"和"种生"一样，也是远肇自波斯传统节日特里甘节上的塔穆兹偶像和阿多尼斯花园风俗，据此，自然就很容易让人联想到，流行于同一地区的七夕拜魁星之俗，是否也是来自波斯或阿拉伯世界的风俗呢？

那么，波斯的七月特里甘节风俗中是否有祭星仪式呢？其实，特里甘节所祭之神提什特里雅本身就是一颗星，而且是夜空中最明亮的星，即天狼星（Sirius）。波斯祆教古经《阿维斯塔》中的《蒂尔·亚什特》是献给提什特里雅的赞美诗，蒂尔即雨神提什特里雅的波斯语名称，其中多次提到提什特里雅是一颗明星，如下面几首颂诗：

> 我们赞美威严的蒂什塔尔（按：即提什特里雅），那恩赐和睦和快乐的家庭之星；那在高空疾驰的、祛病禳灾

的星，放射出银白色纯洁的光芒。

皎洁美丽、恩赐祥和的蒂什塔尔光照地面上的国家，使其享有好年成。

我们赞美威严的蒂什塔尔。岁暮年终之时，贤明的统治者、山林中自由活动的动物和出没于荒漠的野兽，无不翘首星空，期待它的出现。这颗星的升起，或者给国家带来好年成，或者带来灾殃。雅利安人的国家是否将享有丰收年景？

我们赞美威严的蒂什塔尔。阿胡拉·马兹达委派他统率和保护所有的星辰……阿赫里曼、众妖魔和巫师及其崇信者无法加害于这颗明星。

天狼星，现在赤经为 06h 45m 09s，赤纬为 −16° 42′ 58″，视星等为 −1.47，是整个夜空中最明亮的一颗恒星，漫天群星与之相比，皆黯然失色，因此《阿维斯塔》称阿胡拉·马兹达委派它为群星之首领，"统率和保护所有的星辰"，阿拉伯语称天狼星为 al-shira，即谓"首领"之意。天狼星星光呈白色，光芒四射，因此《阿维斯塔》说它"放射出银白色纯洁的光芒"。

在上古时期，当天狼星在拂晓从东方地平线升起的时候，正值夏季，欧洲人名此星为 Sirius，源于希腊文 Σείριος（见赫西俄德《工作与时日》），意为"炎热"，即谓天狼星升空正值炎炎盛夏。此时，在西亚、北非、南欧等广大的地区，正是旱季终结、雨季开始之际，因此之故，波斯人才将天狼星视为雨神的化身，相信它的出现将会给大地普降甘霖，给天下百姓带来丰收年景。在埃及，天狼星拂晓出现之时，正值尼罗河水上涨之际，埃及人将天狼星称为 Sothis，即谓"水上之星"。埃及人还将拂晓出现的天狼星视为岁首星，作为新岁之始的标志，因此，古埃及的祭司特别关注对天狼星的观察。上引《阿维斯塔》称"岁暮年终之时，贤明的统治者、山林中自由活动的动物和出没于荒漠的野兽，无不翘首星空，期待它（天狼星）的出现"，暗示古代波斯历法也曾经像埃及历法一样，以天狼星在拂晓的升起为新岁之始。

《阿维斯塔》的《蒂尔·亚什特》的第四章，将明亮璀璨的提什特里雅星比作星空中疾驰的飞箭，犹如神箭手阿雷什发射的利箭。阿雷什正是用这支利箭平息了伊朗王和图兰王之间的领土之争，确定了伊朗王国的疆界，并为久旱不雨的图兰王国降下甘霖。

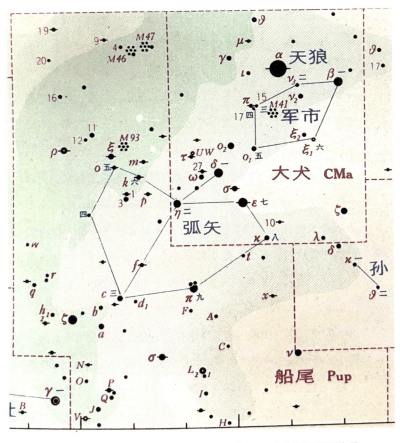

古代星图中的天狼星和弧矢星

图源《中国大百科全书·天文学》，彩图第45页（局部）

天狼星纬度甚低，位于天球南半球的 20° 附近，对于北半球的人们来说，这颗星虽然明亮，却难得一见，它在一年中的很长时间内都隐于地平线之下而不可见，可见的时间很短，在仲夏升起于东南方之后不久，就迅疾划过夜空，重新隐没于西南方的地平线下，古代波斯人将之想象为夜空中的飞箭，当即缘此而来。

实际上，古代很多民族都将天狼星与弓箭联系起来，美索不达米亚晚期的星象图即将天狼星绘成弓箭的形象。与美索不达米亚人和波斯人将天狼星视为箭矢相反，古埃及人则将天狼星视为箭矢的靶子。在著名的丹德拉（Denderah）神庙黄道星图中，紧邻天狼星的东边，为埃及神话中的女射手萨提特（Satit），后者挽弓搭箭，直指天狼星（Barque）。

无独有偶，中国古代天文学中，也将天狼星视为天上的箭靶子。在中国传统星图中，紧邻位于大犬座的天狼星的东南方，正是一张拉开的弓箭，即位于船尾座的弧矢星，明晃晃的箭头（大犬座 δ）所指，正是气焰盛张、寒光四射的天狼星（大犬座 α）。《史记·天官书》所谓参宿"东有大星曰狼……下有四星曰弧，直狼"，即谓此。屈原《九歌·东君》云"举长矢兮射天狼，操弧矢兮反沦降"，张衡《思玄赋》云"弯威弧之拔刺兮，射嶓冢之封狼"，呈现的也是同一幅星象图景。夏日南方夜空中这一壮观的狩猎图景，一直激发着中国诗人的豪情，直到宋代，时任密州（今山东诸城）知州的苏东坡，在一次狩猎之后，豪情万丈地写下了如下的诗句：

老夫聊发少年狂，左牵黄，右擎苍，锦帽貂裘，千骑卷平岗。为报倾城随太守，亲射虎，看孙郎。

酒酣胸胆尚开张，鬓微霜，又何妨！持节云中，何日遣冯唐？会挽雕弓如满月，西北望，射天狼。（《江城子·密州出猎》）

2. 天狼星：文人的保护神

东西方的古老民族，从埃及、巴比伦、波斯，到华夏，都将天狼星与弓箭联系起来，是各民族的不谋而合，还是同出一源，这一问题委实令人着迷，暂且按下不表。我们感兴趣的是，如果说波斯七月特里甘节所祀之神提什特里雅源于天狼星，而天狼星无论在西亚和东亚都与弓箭有关，那么，它跟中国文士举子所顶礼膜拜的魁星又有何关系呢？天狼司杀戮，魁星则司文章，两者一文一武、一吉一凶，可谓势若冰炭，似乎风马牛不相及。

实际上，在波斯人的观念中，天狼星之神提什特里雅同时又是文人的守护神，七月特里甘节又是文人的节日。

根据泥板文书的记载，早在苏美尔时期，对天狼星的崇拜就与对水星（Mercury）这颗行星的崇拜混淆到了一起，这些文书中，常常会用天狼星的名字（KAK-SI-SÁ）称呼水星，意大利学者安东尼奥·帕那伊诺（Antonio Panaino）认为，这或者

美国华盛顿国会图书馆大门上的浮雕，左侧即为纳布

是因为在古人看来，水星在夜空的行迹很像天狼星，其光泽也像天狼星一样动摇不定，由于水星的公转周期很短，因此它也如同天狼星，像一支利箭一样很快就划过夜空，巴比伦人就将水星称为箭矢。在埃及和巴比伦，水星又都被视为书写和文人的保护神，巴比伦人称此神为纳布（Nabu，美国华盛顿国会图书馆大门的浮雕上就刻着纳布的形象），埃及人称此神为托特（Thoth），这种观念被波斯人继承，波斯人也将水星之神视为书写和文人的保护神。（Antonio Panaino: *Tištrya*, Rome: Istituto italiano per il Medio ed Estremo Oriente, 1995）

水星，在中国古代天文学中称为辰星。值得顺便一提的是，水星的波斯名 tir，在唐代就传入中国。唐人杨景风在 764 年为印度高僧不空所译《文殊师利菩萨及诸仙所说吉凶时日善恶宿曜经》作注，其中有云：“水曜，辰星，胡名咥。”水曜即水星，胡名“咥”即粟特语 tyr 的音译，tyr 亦即 tir。Tir 又译为“嘀”，敦煌写本 P.3081《推七曜日吉凶法》云：“嘀者，水也，辰星也，少女，算生、伎术、文吏之（下缺）。”意为辰星之神为少女，是历算、方技、文书的保护神。密教经典《梵天火罗九曜》（《大正新修大藏经》第 21 册）也说辰星之神“其神状妇人，头首戴猿冠，手持纸笔”。在传为南朝梁时著名画家张僧繇、实为唐朝画家梁令瓒所绘的《五星二十八宿真形图》中，即有辰星神，

《五星二十八宿真形图》中的辰星神（现藏日本大阪市立美术馆）

神为女性，头戴猴头形冠（猿冠），左手持书卷，右手持毛笔，神像边有文字说明："辰星神，功曹也。知天下，理文墨、历术、典吏、传送，执天下纲纪。"

正因为天狼星之神和雨神提什特里雅被视为书写和文人的保护神，所以，在波斯，祭祀提什特里雅的七月特里甘节不仅是祈雨节、泼水节，同时还是文人的节日，并被与书写的起源神话联系起来。比鲁尼在其《古代民族编年史》一书中对此就有明确的记载：

> 形成特里甘节的另一个原因如下：达胡法迪亚（Dahufadhiyya）和达赫卡那（Dahkhana）两位神是一对孪生兄弟，前者意为"守护、监督并治理天下之官"，后者意为"教养、培育并将美德散播于天下之官"，这兄弟二人乃文明教化之所系，他们扶正祛邪，维护正义，世界赖之而永续不坠。书记之官基塔巴（Kitāba）步两者之后尘，并将其事业光大之。
>
> 达胡法迪亚之官府，为胡尚（Hushang）所创，达赫卡那之官府，则由其兄弟韦卡德（Waikard）所立。这个日子（按：特里甘节）名曰提尔（Tir），亦即水星，它是书记之星。胡尚曾在这一天称誉兄弟韦卡德，并命他代

己教化天下，传扬正义，此即书记（Kitāba）之所司。因此，世人就把这一天作为节日，以称颂韦卡德的美德。胡尚命人们在这一天都必须穿戴上文士和乡绅冠服。所以，每到这一节日，王子们、乡绅们以及教士们都照例要身着文士之服，藉以纪念和颂扬胡尚与达赫卡那之盛德。〔C. Eduard Sachau (trans.), *The Chronology of Ancient Nations: An English Version of the Arabic Text of the Athâr-ul-Bâkiya of Albîrûnî*, pp. 205–206〕

特里甘节之日，波斯的文人身穿文士的服装，礼拜天狼星和创立文章之府的神明。将比鲁尼所记载的这一波斯七月节风俗与中国东南地区的七月七日文人拜魁星的风俗相印证，两者之间可谓遥相呼应。因此，可以断定，东南文士之拜魁星、求功名，实源于波斯风俗，那令宋代以降的文人儒生顶礼膜拜的魁星，并非斗魁，亦非文昌，而是天狼星。

3. 魁星之名的来历

那么，波斯的天狼星到了中土，何以改换了"魁星"的名头了呢？"魁星"的名号又有何般来历？

遍查历代史书中的《天官书》《天文志》等中国古代天文

学文献，自从《史记·天官书》开始见诸记载，天狼星一直就被称为"狼"，从来未见有将之称为"魁星"的记载。《史记·天官书》云："杓携龙角，衡殷南斗，魁枕参首。""魁"指北斗七星中由枢、璇、玑、权四星组成的斗魁，此后，天文书中，"魁"一直是斗魁，而与天狼星没有任何瓜葛。正是有鉴于此，所以从宋代开始，文人们都不约而同地把斗魁指为魁星。姚勉《武宁田氏魁星堂记》云："夫魁，北斗上四星也。"范成大《鹿鸣席上赠贡士》云："登陆由来说四明，台星光处更魁星。"（台星谓三台，与斗魁相邻）洪适《临江仙·会黄魁》云："北斗南头云送喜，人间快睹魁星。"王柏《题魁星》云："天枢之宿为贪狼，引领三台朝帝旁。"徐鹗《题李氏山亭》云："斗建魁星地，城隅李氏亭。"他们所说的魁星，或与北斗并举，或与三台星并举，显然都是指的斗魁。

不过，在其他几位宋代诗人的笔下，却向我们透露了关于魁星的别样消息。南宋福建仙游诗人王迈的《水调歌头·寿黄殿护母》是一首贺寿词，其中有句云"一点魁星现，长侍老人星"，老人星即南极老人星，老人星又称寿星，寿星图中画的那位大脑门、白胡子、鹤发童颜的南极仙翁，就是象征南极老人星。古人把长寿的老人比作寿星，并在老人过生日的时候献上寿星图、寿星词给老人拜寿，祝老人家长命百岁。天上的老人星在船底座，是满天星斗中亮度仅次于天狼星的两星，而且离天狼星很近，就在大犬座的天狼星的正下方。王迈在诗中说"一点魁星现，长侍老人星"，这颗侍奉老人星前后的魁星，非天狼星莫属。另一位南宋诗人李曾伯（1198—1268），祖籍覃怀（今河南沁阳），南渡后寓居浙江嘉兴，他也写过一首贺寿词《醉蓬莱·代寿昌州守叔祖》，词云："南极星边，正魁星明烛。"南极星即南极老人星，由于老人星纬度极低，在中原地区看来，老人星只能出现在正南方靠近地平线的夜空，古人用它作为南极的标志，故称南极星。李曾伯所说的闪耀在老人星边的魁星只能是天狼星。此外，永嘉（今浙江温州）人赵汝回《送卢五方春分教端州》诗云："柳南矫矫蛟龙骞，古诗古文高入天。奉试词场三十年，柳度夜夜魁星躔。集英殿下听胪传，唱在第十众所冤。天岂恨汝月蚀篇，罚使独吟瘴海边。"卢方春是赵汝回的朋友，也是永嘉人，号柳南，"柳南矫矫蛟龙骞"是说卢方春有蛟龙之才，"柳度夜夜魁星躔"之"柳"，却非指卢方春，而是指二十八宿中的柳宿，二十八宿为日月五星所行度数的参照，故谓之宿度，"柳度"就是柳宿，是南方七宿井、鬼、柳、星、张、翼、轸中的第三宿，柳宿南方不远处就是天狼星，"柳度夜夜魁星躔"意为魁星夜夜见于柳宿，此魁也只能指天狼星。卢方春在京城不得志，只好去端州教书，赵汝回写诗为他送行，因卢方春字柳南而联想到天上的柳宿，感叹主司功名的魁星尽管夜夜出现于柳宿之南，但却并没有给他的朋友柳南带来好运。卢方春号柳南，大概就是取意于魁星在柳宿之南，隐含独占魁首的寓意吧。值得注意的是，这几位宋代诗人的老家都在魁星崇拜习俗最早开始流行的东南地区，可见南宋时的闽、浙文人还是知道魁星即天狼星的。

天狼星纬度较低，在北方地区可见时间比较短，故北方人对它比较陌生，在南方则在一年之中很长的时间内都可以看到光芒四射的天狼星闪耀于南方的夜空，与附近的参星、老人星、弧矢星珠璧交辉。天狼星是满天繁星中最亮最大的恒星，闽、浙地区的人们经常目睹天狼星从南方夜空升起，熟稔天狼星光芒四射的风采，故称天狼星为魁星，"魁"有大、首、第一的意思。"魁星"当是闽、浙民间的叫法。由于这一称呼仅在闽、浙一带民间口耳相传，名不见经传，未载于天文书，为文人墨客所罕知，而北斗七星中的枢、璇、玑、权四星自古合称"魁"，却为文人耳熟能详，因此，魁星的名字就被读书人张冠李戴到了北斗的头上。

对于东南沿海民众而言，天狼星尽管寻常可见，但是，在中国本土天文学传统中，天狼星却从来跟功名、科举无关。《楚辞·九歌》云："举长矢兮射天狼。"《史记·天官书》云："有大星曰狼。狼角变色，多盗贼。"天狼星被视为盗贼的象征。在中国的传统观念中，天狼历来被视为一颗凶星。《宋史·天文志》云："狼一星，在东井东南，为野将，主侵掠。色有常，不欲动也。芒角动摇，则兵起；明盛，兵器贵；移位，人相食；色黄白，为凶；赤，为兵。"足见在宋人的心目中天狼星也是一颗主战乱侵伐的凶星。明乎此，则知宋代文人将天狼星视为功名富贵的象征，并非土生土长的中国传统，而只能受外来文化的影响。

至此，七月七日拜魁星风俗的来历总算真相大白了。这一风俗自宋代开始，流行于东南沿海闽、浙、赣、台等地，并非中国本土固有的七夕风俗，而是从海上而来，源于遥远的西亚。在西亚、北非地区，自古就有崇拜天狼星的风俗。在上古时期，天狼星在拂晓升起的时候正值雨季开始的季节，因此，埃及、巴比伦、波斯人都以此星作为雨季到来的象征，视天狼星为雨神。在波斯，特里月（或塔穆兹月）的特里甘节作为祈雨节，就是献给天狼星之神提什特里雅的。另一方面，在巴比伦和波斯，雨神天狼星又与文人和书写之神水星（Tir）相融合，从而天狼星或提什特里雅又成为文人的保护神，特里甘节也成为文人的节日，在民众祈雨的同时，波斯的文人要祭拜天狼星或提什特里雅。中古时期，尤其是唐宋时期，中国东南沿海海上贸易发达，广州和泉州，都是当时最繁荣的贸易口岸，西亚的天狼星崇拜也随扬帆而来的波斯、阿拉伯商人传入这些地区。大概由于波斯特里甘节的日期恰与中国的七夕相吻合，而且两者又恰巧都与拜祭天星有关，因此，西亚拜天狼星的风俗就汇入了中国的七夕风俗。闽、浙一带民间称天狼星为魁星，因此西亚的天狼星崇拜传进来后就被当地翻译为拜魁星。但文人大都不了解魁星本指天狼星，只知道古书中将北斗的首四星称为"魁"，因此误以为拜魁星即拜斗魁，于是，在中国古代天官观念中本来与舞文弄墨之事毫不相干的斗魁，阴差阳错地"运交华盖"，被视为专管科场功名、兜售状元花翎的"文章之府"，引来那些一脑门功名的文人们的顶礼膜拜，稀里糊涂地馨享了近千年的繁华香火。

西亚地区古老的天狼星崇拜，漂洋过海，传入欧亚大陆的最东端。尽管沧海桑田，物是人非，西方的天狼星改头换面，变成了中国的魁星，不仅其本身变得面目全非，即使其来历，也早已被人们忘却，但是，这种风俗却早已入地随俗，嫁接到中土固有的七夕风俗而落地生根，直到今天，除了遍布神州城乡的魁星楼、魁星阁仍见证着当年魁星崇拜的盛况之外，七月七日拜魁星的风俗，依然还在浙、闽、台地区流传。随着拜魁星风俗的流传，魁星的故事也深入人心，在民间逐渐生发出了魁星的故事，在福建、浙江的一些地方戏中，不知道从什么时候开始，出现了表现魁星故事的剧目。

闽东、台湾地区的民间，直到今天，在七夕之夜，除了拜织女，还要拜魁星。

拜织女是女子的事情。每年七夕之前，众女伴就提前相约，在其中某一家"拜织女"，并提前一天沐浴斋戒，诸事准备停当。七夕之夜，她们在庭院中露天布置几案，案上置茶、酒、水果、五子（桂圆、红枣、榛子、花生、瓜子）等祭品以及鲜花数朵，鲜花束以红纸，插于瓶中，花前置一个小香炉。她们依次于案前焚香礼拜，礼毕，围坐案前，向织女默祷祈愿，少女们希望自己能长得花容月貌，将来嫁得个如意郎君，刚结婚的少妇们则希望能早生贵子，为夫家接续烟火。女伴们说说笑笑，直到夜阑人静，才尽兴散去。

拜魁星的主角则是男子。拜魁星时也是在庭院里安置几案，案上供奉一个事先扎制的"魁星"像，纸人高二尺许，宽五六寸，蓝面环眼，锦袍皂靴，左手斜挎，飘胸红髯，右手执朱笔。像前摆放各种祭品，其中，必不可少的是羊头，而且必须是留须带角的公羊头，羊头煮熟，两角束红纸。拜魁星的都是祈求科场功名的男儿，一阵鞭炮响过之后，众儿郎纷纷焚香礼拜，礼拜完毕，就便围坐供桌，饮酒作乐。席间必玩一种所谓"取功名"的博戏助兴，博戏的玩法，是以桂圆、榛子、花生三种干果，分别代表状元、榜眼、探花三鼎甲，由三人各握一颗，掷于桌上，任其滚动，以滚到某人面前的干果，判断其文运，得桂圆者为状元，得榛子者为榜眼，得花生者为探花。若所有干果都滚偏，则意味大家都无功名，须重掷，这称为"复考"。若三颗干果皆聚于一人面前，则称"三及第"。每掷一次，饮酒一巡，称"一科"，若此轮某人中了榛子（探花），则谓"本科出探花"，未中者纷纷向"探花"敬酒贺喜。未中者为"落第考生"，下一"科"继续"博取功名"，已中的则不再参加。如此吃吃玩玩，直到大家都有了"功名"方才散场。散场时要放鞭炮，烧纸镪，并将"魁星"像焚化。

闽东的一些人家，尤其是那些人丁兴旺、庭院宽敞的兴旺人家，每年七夕，都会同时供设两张香案，一张供织女，一张供魁星，供受邀而来的邻里亲朋祭拜祈福。盈盈月光之下，深深庭院之中，一边厢是燕燕莺莺拜织女，一边厢是济济儿郎拜魁星，一边求天赐良缘，一边求文星高照，红男绿女，笑语晏晏，宾朋好友，欢聚一堂，正可谓"桥填乌鹊星联斗，天上人间各自忙"。

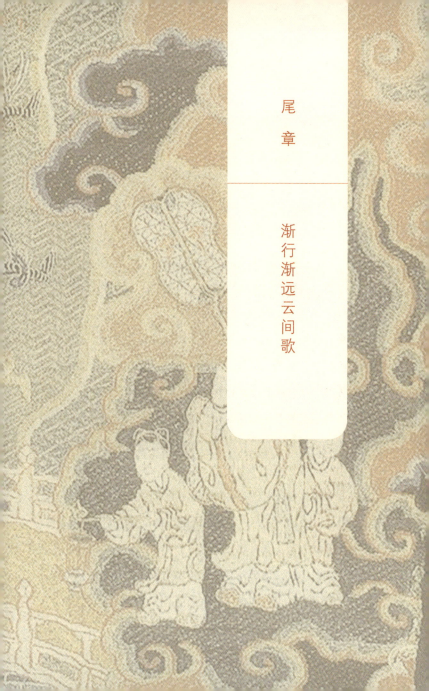

尾章

渐行渐远云间歌

一

　　来自波斯的异域之风，仿佛一缕清飚，为中国古老的七夕风俗吹起一片涟漪。但是，宋代之后，尽管有东南一隅的七夕一枝独秀，从整体上说，七夕风俗却是日趋零落了。

　　历代节庆放假天数的变化，就流露出七夕节衰微的消息。中国历代王朝都有在节庆日为内外官吏放假的制度，唐代之前各个节日的放假情况不得而知，据《唐六典》卷二记载，唐代元旦、冬至各放假七日，寒食加清明共放假四日，八月十五日、夏至及腊日各放假三日，除此之外的节日，包括正月初七人日、正月十五元宵节、正月晦日送穷节、春秋二社日、三月三日上巳节、四月八日浴佛节、五月五日端午节、七月七日乞巧节、七月十五日中元节、九月九日重阳节、十月一日寒衣节以及三伏日、立春、春分、立秋、秋分、立夏、立冬几个重要节气，都放假一天。宋代基本沿袭了唐代的休假制度，《宋史·职官志》记载宋代官员节庆休假天数，元日、冬至、寒食各放假七天，元宵节、夏至、中元节、腊日各放假三天，人日、中和节（二月二日）、春秋二社、上巳节、端午节、七夕节、授衣节（寒衣节）、重阳节以及三伏、四立、春秋分各一天。可见，唐、宋二代七夕皆有假日，足见当时朝野对于七夕的重视。但是，从元代开始，节庆放假的天数相比唐、宋二代大为减少，七夕（以及其他一些传统节日）就不再放假了。《元典章》卷十一记载，京府州县官员的放假天数，元旦、寒食各放假三天，其他节日中，放假的只有立春、七月十五中元节、九月九重阳节、十月一寒衣节、冬至，各放假一天。明代的放假的节日更是锐减，《明会典》卷八十记载，只有元旦、元宵和冬至三个节庆放假，分别是元旦五天、元宵十天、冬至三天，其他节日包括七夕一概无假。清代基本沿袭了明代的节假制度，七夕也无假日。

节日本来就是休闲和庆祝的日子，是普天同庆、人神共在的日子。过节的时候，终年劳作的人们暂时从日常繁忙中解脱出来，走亲访友，聚会宴饮，流连光景。节日是日常时间的休止符，它展开了一个全新的时间，让人们进入一个自由的狂欢世界。因此，放假和自由支配的时间，是节日赖以成立的前提。

唐宋两代的节日乃至城市生活，之所以异彩纷呈，好戏不断，令人目不暇接，与其一年四时络绎不绝的节庆和假日密不可分。岁时节日就像镶嵌在大自然节律中一个个华彩的乐段，装点着绵绵不绝的逝水年华，为人们一年四时的生活增光添彩。元代之后，包括七夕在内的众多传统节日不再放假，必然导致节日风俗的萎缩凋零和心灵生活的枯竭，随之而来的是整个城市生活的黯淡与衰落。从此之后，中国人的日子里就少了许多流光溢彩的篇章。

七夕风俗在经历了宋代一番惊采绝艳的繁华之后，在此后的元、明、清三代，再也没有翻出什么新的花样，设棚、观星、乞巧、穿针，无非是陈陈相因。元、明、清三代的文人学士尽管还一如既往地写一些以七夕、牛女为题的应景诗文词曲，但无非是沿袭前人旧辙，借牛女故事和七夕穿针而嘲风弄月、伤情自悲，多属陈词滥调，鲜有新意佳构，就如宋人郭应祥《鹊桥仙·丁卯七夕》所嘲："泛槎经岁，分钗半夜，往事流传千古。独怜词客与诗人，费多少，闲言泼语。"元、明、清三代，专为七夕而撰的诗文中，尚能令人耳目一新的，要数元人杜仁杰的套曲《商调·七夕》：

【集贤宾北】暑才消大火即渐西，斗柄往坎宫移。一叶梧桐飘坠，万方秋意皆知。暮云闲聒聒蝉鸣，晚风轻点点萤飞。天阶夜凉清似水，鹊桥图高挂偏宜。金盆内种五生，琼楼上设筵席。

【集贤宾南】今宵两星相会期，正乞巧投机。沉李浮瓜肴馔美，把几个摩诃罗儿摆起。齐拜礼，端的是塑得来可嬉。

【凤鸾吟北】月色辉，夜将阑银汉低，斗穿针逞艳质。喜蛛儿奇，一丝丝往下垂，结罗成巧样势。酒斟着绿蚁，香焚着麝脐，引杯箸大家沉醉。樱桃炉水底红，葱指剖冰瓜脆，更胜似爱月夜眠迟。

【斗双鸡南】金钗坠、金钗坠玳瑁整齐，蟠桃宴、蟠桃宴众仙聚会。彩衣、彩衣轻纱织翠，禁步摇绣带垂，但愿得同欢宴团圆到底。

【节节高北】玉葱纤细，粉腮娇腻。遥天外斗渐移，喜阴晴今宵七夕。

【耍鲍老南】团圞笑令心尽喜，食品愈稀奇。新摘的葡萄紫，旋剥的鸡头美，珍珠般嫩实。欢坐间，夜凉人静已，笑声接青霄内。风淅淅，雨霏霏，露湿了弓鞋底。纱笼罩仕女随，灯影下人扶起，尚留恋懒心回。

【四门子北】画堂深，寂寂重门团，照金荷红蜡辉。

斗柄又横，月色又西，醉乡中不知更漏迟。士庶每安，烽燧又息，愿吾皇万岁。

【尾】人生愿得同欢会，把四季良辰须记，乞巧年年庆七夕。

这套《七夕》曲的主人公大概是一位女伶，七夕之夜招揽一班风流子弟共赏乞巧宴，"酒斟着绿蚁，香焚着麝脐，引杯筋大家沉醉"，显然不是一般平常人家所能有的排场。看她乞巧的陈设，"鹊桥图高挂"，"金盆内种五生"，"琼楼上设筵席"，"沉瓜浮李"，"喜蛛儿结罗成巧样势"，都是从宋代就有的乞巧关目。

白朴的名剧《唐明皇秋夜梧桐雨》第一折写的是唐明皇与杨玉环七月七日长生殿的故事，戏中杨玉环一上场，即道："今日是七月七夕，牛女相会，人间乞巧令节。已曾分付宫娥，排设乞巧筵在长生殿。"且看这长生殿的乞巧筵是如何排设："龙麝焚金鼎，花萼插银瓶。小小金盆种五生，供养着鹊桥会丹青帧，把一个米来大蜘蛛儿抱定。"剧中粉墨登场的尽管是唐代的人物，但这番乞巧的排设却只能是宋代以后的，因为唐代的时候还没有"小小金盆种五生"这种风俗。值得注意的是，杜曲称"鹊桥图高挂"，白剧也称"鹊桥会丹青帧"，大概元代的时候，七夕悬挂牵牛织女鹊桥相会的图画，是仕宦之家和青楼人家的惯例。乞巧的设施，在宋代京师人家，是以竹木搭设彩棚并悬挂以五彩纸所剪仙楼、鹊桥、牛女像，到了元代，则越发趋于简化了。

元代北京七夕悬挂牛女图以乞巧的风俗，熊梦祥《析津志》也有记载：

> 市中卖摩诃罗、巧神泥塑人物，大小不等。宫廷、宰辅、士庶之家，咸作大棚，张挂七夕牵牛织女图。盛陈瓜果、酒饼、蔬菜、肉脯，邀请女流作巧节会，称曰女孩儿节。砚卜负爸，饮宴尽欢，次日馈送还家。（《日下旧闻考》卷一百四十八引熊梦祥《析津志》）

综观各书中所记的元代的七夕风俗，摩睺罗、作乞巧棚、挂牵牛织女图、陈设瓜果酒脯作乞巧会、种五生盆等等诸般风俗，都是因循宋代七夕已有的旧例，却已经没有了宋代七夕的狂欢激情。

宋代之后大量出现的野史、笔记、小说中，鲜有言及当时七夕风俗者，即使偶或有所载记，也大都寥寥数语，表明元代以降的七夕节景鲜有新意，风俗陈陈相因，已无甚可让文人墨客津津乐道的情韵了。如陶宗仪《元氏掖庭录》记元代宫廷七夕风俗云：

> 九引台，七夕乞巧之所。至夕，宫女登台，以五彩丝穿九尾针，先完者为得巧，迟完者谓之输巧，各出资以赠得巧者焉。至大中，洪妃宠于后宫，七夕诸嫔妃不得登台。台上结彩为楼，妃独与宫官数人升焉。剪彩散台下，令宫嫔拾之，以色艳淡为胜负。次日设宴大会，谓之斗巧宴，负巧者罚一席。

宋褧《燕石集》提到元代北京七夕的种生习俗：

> 七夕前数日，种麦于小瓦器，为牵牛星之神，谓五生盆。（《日下旧闻考》卷一百四十八引宋褧《燕石集》）

五生盆自然就是宋人所谓种生或谷板。宋褧又有记七夕诗云：

> 晓凉门巷柳阴蝉，九陌晴泥著锦鞯。到处帘栊尽相似，巧棚人静五生蔫。（《日下旧闻考》卷一百四十八引宋褧《燕石集》）

乞巧棚中寂杳无人，乞巧用的五生盆因无人照看已经蔫头蔫脑，这些令宋代汴梁市民趋之若狂的乞巧摆设，到了元代，早已成了七夕的虚应光景。

倒是在天府之国的成都，昔日七夕市的盛况或许还遗风犹存，元代成都人费著的《岁华纪丽谱》记成都七夕夜市云：

> 七月七日晚，宴大慈寺设厅，暮登寺门楼，观锦江夜市，乞巧之物皆备焉。（【元】陶宗仪《说郛》卷六十九引费著《岁华纪丽谱》）

成都大慈寺为创建于唐代的佛教名刹，玄奘和尚赴西天取经前曾在此讲经，安史之乱，唐玄宗幸蜀，敕书"大圣慈寺"匾额。历史上的大慈寺香火旺盛，规模宏大，寺院周围商业发达，店铺林立，是成都的游赏胜地，每逢节庆、庙会，寺院周围更是人烟如织，夜市灯火，通宵达旦。大慈寺在宋代的时候，就有七夕夜市，其盛况由前引宋代成都太守田况的《七月六日晚登大慈寺阁观夜市》即可见一斑。费著《岁华纪丽谱》的记载表明，直到元代，成都大慈寺的七夕夜市胜景依旧，仍未消歇，"乞巧之物皆备焉"，其中必有摩睺罗、五生盆等物事，成都七夕之盛况，据此当可想见。

元代戏剧兴盛一时，七夕节上的泥孩儿摩睺罗，居然在孟汉卿的名剧《张孔目智勘魔合罗》中牵扯进一桩公案。这出戏说的是家住河南府醋务巷的商人李德昌，为避血光之灾外出经商，返乡时正值七夕，途中遭逢大雨，感染风寒，病倒在离家不远的五道将军庙。卖摩睺罗的老汉高山受李德昌之托，捎信给李妻刘玉娘，途中遇见李德昌的堂弟李文道。李文道对玉娘觊觎已久，闻知李德昌染病在庙，顿生歹心。他抢先来到五道将军庙，假装为李德昌喂药，骗他喝下毒药。高山费尽周折才找到玉娘，玉娘的儿子佛留见到高山担中的摩睺罗，缠着玉娘要买。玉娘不依，高山见状，索性送他一个。玉娘火急火燎地赶到将军庙，却见李德昌已经奄奄一息。回家不久，李德昌就七窍流血，毒发身亡。李文道见李德昌已死，胁迫玉娘随顺自己，玉娘不从。李文道恼羞成怒，诬告玉娘谋害亲夫。河南府的昏官萧令史受了李文道贿赂，将玉娘屈打成招，判为死罪。河南府六案都孔目张鼎劝农归来，发现玉娘的冤情，受命重审此案。玉娘供出当初送信人是一位卖摩睺罗的老儿。张孔目知道，这位送信人是破案的关键线索，但苦于不知其姓甚名谁。剧中张孔目审问摩睺罗的一场戏，是全剧的戏眼。张孔目对着摩睺罗千般央求，请它说出实情。孟汉卿借张孔目的唱白，惟妙惟肖地刻画出了摩睺罗的样貌：

【叫声】你曾把愚痴的小孩提，教诲、教诲的心聪慧，若把这冤屈事说与勘官知。

【醉春风】不强似你教幼女演裁缝，劝佳人学绣刺？要分别那不明白的重刑名，魔合罗，全在你。你若出脱了这妇衔冤，我教人将你享祭，煞强如小儿博戏。

（云）魔合罗，你说波。可怎不言语？想当日狗有展草之恩，马有垂缰之报，禽兽尚然如此，何况你乎？你既教人拨火烧香，你何不通灵显圣。可怜负屈衔冤鬼，你指出图财致命人。（唱）

【滚绣球】我与你曲湾湾画翠眉，宽绰绰穿绛衣，明晃晃凤冠霞帔，妆严的你这样何为？你若是到七月七，那其间乞巧的，将你做一家儿燕喜，你可便显神通，百事依随。比及你露十指玉笋穿针线，你怎不启一点朱唇说是非，教万代人知。

（云）魔合罗，是谁杀了李德昌来？你对我说咱。（唱）

【倘秀才】枉塑你似观音像仪，怎无那半点儿慈悲面皮？空着我盘问你将我不应对。我彻上下，细观窥到底。

就这样，张孔目发现了摩睺罗底下刻着高山的名字，命人传来高山，于是案情大白，李文道归案伏法，刘玉娘得以洗刷冤情。

宋代的摩睺罗都是憨态可掬的男娃娃。由于摩睺罗主要用于七夕乞巧，乞巧的对象是织女，乞巧的主角是女子，乞求的也主要是女红针黹之巧，因此，到了元代，这个泥孩儿已经脱胎换骨，由男身变成了"曲湾湾画翠眉，宽绰绰穿绛衣，明晃晃凤冠霞帔"的女相。张孔目还说摩睺罗"教幼女演裁缝，劝佳人学绣刺"，说明元人确实已将这个女相摩睺罗视为织女的替身了。

在剧中，玉娘的儿子佛留央求玉娘给自己买摩睺罗，而玉娘以无钱为由不给他买，暗示摩睺罗这个曾经在宋代颠倒众生的泥孩儿，到了元代，并非一般人家七夕所必备，已经变成了一个跟现在的洋娃娃差不多的玩偶了。

明代虽然商品经济发达，城市生活空前繁荣，但明人著述中关于当时都市七夕风俗的记载也无精彩可采，倒是北京女子碗水浮针乞巧的做法，前所未见，颇具新意。沈榜《宛署杂记》载：

> 燕都女子，七月七日以碗水暴日下，各自投小针浮之水面，徐视水底日影，或散如花，动如云，细如线，粗如椎，因以卜女之巧。（《日下旧闻考》卷一百四十八引沈榜《宛署杂记》）

（传）【明】仇英《乞巧图》（局部，现藏台北故宫博物院）

刘侗、于奕正《帝京景物略》亦详述其事：

> 七月七日之午丢针，妇女曝盆水日中，顷之，水膜生面，绣针投之则浮。则看水底针影，有成云物、花头、鸟兽影者，有成鞋及剪刀、水茄影者，谓乞得巧。其影粗如槌，细如丝，直如轴蜡，此拙征矣。妇或叹，女有泣者。

此外，根据田汝成《西湖游览志余》卷二十记载，明代杭州七夕的市场上，仍有摩睺罗出售：

> 七夕，人家盛设瓜果酒殽于庭心或楼台之上，谈牛女渡河事，妇女对月穿针，谓之乞巧。或以小盒盛蜘蛛，次早观其结网疏密，以为得巧多寡。市中以土木雕塑孩儿，衣以彩服而卖之，号为摩睺罗。

明代杭州市井中货郎担上兜售的摩睺罗，或许仍是苏州木渎的手艺。不过，故宫烟草，繁华散尽，明代杭州的摩睺罗，尽管仍是土木雕塑，穿红挂彩，肯定早已没有南宋临安的摩睺罗那般奢靡华丽了。

至于明代宫中乞巧风俗，则可从《明宫史》和《光禄寺志》

【清】陈枚《月曼清游图册·桐荫乞巧》（现藏北京故宫博物院）

的记载中窥见一斑：

> 兵仗局……凡每年七夕宫中乞巧小针……皆隶之。(《明宫史》卷二)

> 七月，各宫供像生牛郎、织女、从人、麒麟、象、羚羊、海马、狮子、獬豸、兔、海味、糖果、糖菜，俱用白糖浇成。(《钦定日下旧闻考》卷一百四十八引《光禄寺志》)

明代宫中此种以白糖浇成各种珍奇动物的七夕节令点心，或许仍是宋代"果食花样"的遗风吧，白糖塑成的牛郎、织女像，则隐约透露出摩睺罗或巧儿的意趣。

从沈德符《万历野获编》对宫廷七夕的一番议论，足见明代七夕光景之已非昔比。他写道：

> 七夕，暑退凉至，自是一年佳候，至于曝衣穿针、鹊桥牛女，所不论也。宋世禁中，以金银摩睺罗为玩具，分赐大臣，今内廷虽尚设乞巧山子，兵仗局进乞巧针，至宫嫔辈，则皆衣鹊桥补服，而外廷侍从，不及拜赐矣。唯大珰辈，以瓜果相饷遗。民间则闺阁儿女，尚修乞巧故事，而朝家独无闻。意者盂兰会近，道俗共趋，且中元遣祭陵寝，尤国家重典，无暇他及耳。(《万历野获编》卷二)

【清】任颐《乞巧图册》（现藏北京故宫博物院）

节日期间，人们以美食或礼品馈送亲朋好友，借以沟通感情，表达祝福，原是节日生活的重要内容，节日的气氛也正是在这种礼尚往来中被烘托得温暖热闹起来。宋代七夕，朝廷以摩睺罗分赐大臣，但到了明代，宫中甚至连嫔妃宫女都没有了送礼的习惯，倒是那些宦官们（大珰）还保留互赠果瓜的旧俗。七夕这个节日，对于明代宫廷而言，已经变得可有可无了。沈德符把明代宫中七夕的萧条，归咎于七夕与中元节靠得太近，朝廷忙于准备中元节祭陵上坟，因此顾不上七夕。这纯属想当然，唐宋朝廷对中元节同样重视，但是并不妨碍他们把七夕节过得有声有色。七夕之衰落，只能是由于事过境迁，七夕对于世俗生活原本所具有的那种意义已经耗尽，七夕这个日子以及七夕的那些风俗，已经点燃不起人们的激情了。

延续千余年的七夕节，到了清代，就像连本大戏终于唱到了终场，已是箫鼓涣散，意兴阑珊，这个阅尽人间秋雨秋风秋月的节日，也渐渐透出天凉好个秋的萧飒意味了。清代大修地方志，各地郡县府志，大致都有专章记述当地岁时风俗，但是，其中提到七夕风俗，大都只言片语，陈词滥调，无非是说些拜星、乞巧、穿针、剪彩等俗套，千篇一律，陈陈相因，鲜有推陈出新者。只有文人的诗文随笔中，偶或涉及各地的具有地方特色的七夕风俗，仿佛田野上吹来的一股清风，令人耳目一新。

【清】《缂丝七夕乞巧图轴》（现藏北京故宫博物院）

如潘荣陛《帝京岁时纪胜》所记北京女子乞巧浮针，显然是延续了明代的风俗：

> 七夕前数日，种麦于小瓦器，为牵牛星之神，谓之五生盆。幼女以盂水曝日下，各投小针，浮之水面，徐视水底日影，或散如花，动如云，细如线，粗如椎，因以卜女之巧。街市卖巧果，人家设宴，儿女对银河拜，咸为乞巧。

苏州文人顾禄《清嘉录》和袁景澜《吴郡岁时纪丽》所记苏州七夕风俗也大同小异，《清嘉录》卷七云：

> 巧果：七夕前，市上已卖巧果，有以白面和糖，绾作芝结之形，油氽令脆者，俗呼为芝结。至是，或偕花果，陈香蜡于庭或露台之上，礼拜双星以乞巧。
>
> 蓄巧：七日前夕，以杯盛鸳鸯水，掬和露中庭，天明日出晒之，徐俟膜生面，各拈小针，投之使浮，因视水底针影之所似，以验智鲁，谓之蓄巧。
>
> 染红指甲：捣凤仙花汁，染无名指尖及小指尖，谓之红指甲。

袁景澜又有《七夕乞巧词》，洋洋洒洒二十余行，将苏州女子七夕乞巧的情景娓娓道来：

凉飚吹转商秋律，天街夜静银河直。

洗车雨过乍开晴，几处园林新月色。

云光奕奕渡双星，曝衣楼外彩棚立。

红闺眷属聚良宵，妆成笑语中庭集。

钉盘果饵袭炉香，娉婷拜起瑶阶侧。

默祷织女与黄姑，但愿所求遂胸臆。

所求不是为连理，所求不是为比翼。

传闻天上有神仙，乞灵祈赐聪明质。

金梭即遗坠侬前，蛛丝织就回纹式。

更愿穿尽七孔针，刺绣群中推第一。

衷情良久诉分明，犹有余情诉未毕。

青天碧海两茫茫，天孙未识能闻得。

井边梧叶落银床，清露飞来罗袜湿。

铜壶滴沥漏声长，疏帘风动流萤入。

岂知巧拙本生定，仰乞天生亦何必。

苟能乞与人间巧，人人巧与天孙匹。

何乃落落巧者稀，可知仙亦难为力。

从来至巧不如拙，巧者常劳拙者逸。

工倕俪指遭天刑，凿雕混沌真形失。

呈巧无如守拙良，大巧从来存朴直。

怅望盈盈一水间，仙路云軿归去疾。

牵牛花底曙光生，人间机变纷纭出。

在千余年的七夕文学史上，嘲风弄月的七夕诗词连篇累牍，袁氏此诗不失为一篇力作，可算作中国七夕文学的最后绝唱。

清代学者张尔岐《蒿庵闲话》提及当时大同七夕风俗，显示了一番异样的情韵：

> 邑令杜公云：大同于七夕以蜡若彩为女人形，涂朱施粉，衣奇锦，佩金珠，肩舆鼓吹，道送婚姻家，酒肴果饵继至，至则衰媪童姹焚香密祝，继以笑弄，名之曰摩侯罗。（《蒿庵闲话》卷一）

大同的摩睺罗，也跟元剧《张孔目智勘魔合罗》中的摩睺罗一样，从憨态可掬的男娃娃变成了风情万种的女娇娃。每到七夕，涂脂抹粉、披红戴翠的摩睺罗，就像一个打扮得漂漂亮亮的新娘子，坐在轿子里，被人抬着，由吹鼓手陪伴，一路上箫鼓齐奏、吹吹打打地送到姻亲家。亲家将摩睺罗安置停当，设供焚香，家中女眷，不分老幼，依次罗拜于摩睺罗之前，在心中默默地向之祈愿求福。这种做派不难让人联想到广州七夕的"摆七娘"。

民国学者胡朴安在其成于民初的《中华全国风俗志》下卷中所记载的山东荣成县（今荣成市）七夕儿童生巧芽的风俗，亦颇堪玩味。

书中记道，荣成县的小孩子，七月初一清晨早起，趁朝曦尚未升起之时，取一只瓷盎，在其中盛上一些细沙和麦粒，浇以清水，昼间日日浇灌，悉心照料，晚间则置于露天的庭院间。瓷盎中的麦粒很快就生根发芽，迨至七夕，麦芽已长得葳蕤可观。届时，孩子们将麦苗从沙中拔出，检视其根须。按照当地的说法，根据麦苗根须的长势，就可以判断小孩子的巧拙。如果麦苗根须繁密，就表明小孩子心灵手巧，当地人还给长势良好的麦苗，取各种吉利的名目，如佛手、金钱、富贵不断头之类，小孩子也会赢得大人的夸奖。相反，设若麦苗根须稀少，或被水泡烂，就表明小孩子愚蠢笨拙，长大也不会有出息，小孩子就会受到大人的奚落。人们甚至还将麦苗的嫩芽剪下，和上糖，包以面粉，团成面点，并美其名曰月芽。男孩子的捏成满月形，女孩子的捏成半月形，到了晚上，在新月之下，各自食之，借以乞巧。

当地的七夕，还有一种习俗，即作巧花，用面粉制成各种花样的果子，如莲蓬、金鱼、荷花、竹篮等，不胜枚举。七夕之日，当地人都吃此种食品，并认为吃了巧花，人会变得心灵手巧。七夕吃巧花的风俗，各地都有，尽管巧花的做法和样式各自不同。

只要读过《东京梦华录》，就不难由荣成七夕的生巧芽、作巧花，联想到宋代东京的七夕市上售卖的"种生"和"果食花样"："种生"是用绿豆、小豆、小麦，"种于磁器内，以水浸之，生芽数寸，以红蓝彩缕束之"；"果食花样"则是"以油麫糖蜜造为笑靥儿……奇巧百端，如捺香、方胜之类"。七夕种巧芽、食巧花之俗，显然就是宋代种生和果食花样的遗风。

二

七夕作为乞巧节，从一开始就与中国传统的男耕女织、晴耕雨读的生活方式密不可分，"昼出耘田夜绩麻，村庄儿女各当家。童孙未解供耕织，也傍桑阴学种瓜"（范成大《四时田园杂兴》）。乞巧的主角是女子，所乞之巧是女红之巧，乞巧节的主角从来就是女性，七夕之神织女其实就是纺织之神。在一些桑蚕纺织业发达的地方，会建有织女庙，庙中供奉织女神，当地的织妇会到织女庙上香、祈愿，七月七日举行织女庙会，如山东沂源县有牛郎庙和织女洞、苏州太仓市有黄姑庙或织女庙。可以说，中国传统的家庭作坊式的手工纺织业，是七夕节和乞巧风俗赖以产生和延续的土壤。近世以来，尤其是鸦片战争之后，随着"洋布"的入侵和现代纺织业的发展，中国乡村传统的男耕女织生活方式迅速瓦解，"桑柘满阡陌，户户皆养蚕，步步闻机声，家家缫丝忙"的场景一去不复返，女性不再专务饲蚕缫织之业，女红针黹之巧也不再是女子最重要的自我期许，以女子乞巧为主要关目的七夕风俗，也就不可避免地因为无所附丽而趋于零落了。

当然，中国地域辽阔，风俗多样，古语所谓"十里不同风，百里不同俗"，七夕节虽在整体上没落了，却在某些地方顽强地存活下来，而且还过得红红火火，比如广州的"摆七娘"、潮汕地区的"出花园"、浙江温岭市的"小人节"、台湾嘉义县的"游魁星"、甘肃西和县和礼县的"迎巧娘"等等。近年来，随着传统文化复兴运动的兴起，许多地方过去鲜为外人知晓的七夕风俗被重新"发现"。

这些陆续"发现"的地方七夕风俗，大多已经被命名为所谓的"非物质文化遗产"，当成原汁原味的中国乡土传统而大加弘扬。其实，这些地方的七夕风俗都或深或浅地留下了异域影响的印痕。广府的摆七娘和闽台的拜魁星风俗，源于宋代，融合了漂洋过海而来的波斯文化，这一点已见上文，无需赘述。浙江温岭地区的"小人节"，专为年龄未满十六岁的少年少女举行，当地人在七夕这天供设用竹篾、彩纸扎制的彩亭、彩轿，点缀以各种纸扎的戏曲人物，堪与广州的"摆七娘"相媲美。潮汕的"出花园"仪式，则是为年满十五岁的少男少女举行，七夕之日，孩子们要用十二种花瓣泡成的香汤沐浴，穿新衣，踏木屐，祭拜小孩子的保护神"公婆母"。这两个地方的七夕风俗，主角都是少男少女，而非仅为女子，主要活动是成人礼，而不是乞巧。

处于西汉水上游的甘肃陇南地区西和县、礼县等地的七夕节十分隆重、热闹，极具地方特色。当地的姑娘从六月中旬就开始七夕节的筹备工作，置办各种节日用品，亲自动手或者请手艺人帮忙，扎制神偶"巧娘娘"，培植、装饰巧芽。整个节日活动，从六月三十日晚上就正式拉开帷幕。一连七天晚上，乞巧的姑娘每天夜里都会集中在乞巧地点，举行各种与乞巧有关的仪式，唱巧歌、搭鹊桥、迎巧娘、供巧芽、吃巧饭、结巧缘、浮巧针、看花瓣、载歌载舞、婆娑降神。在西和，唱巧歌是七夕活动的一项重要内容，贯穿七天乞巧活动的始终，几乎每一个环节都伴随着相应的歌曲，当地流传着大量内容各异、篇幅不等的乞巧歌，民国时期，就有当地文人将其歌词整理成册，为西和七夕风俗保留了一份可贵的遗产。到了初七，整个节日达到高潮。这天清晨，姑娘们背着水壶，呼朋引伴，一起到野外的泉水边汲取新水，一路上欢声笑语，花枝招展，引来小伙子们纷纷围观嬉闹，那些风景如画、环境优美的泉水周围，更是欢歌笑语，热闹非凡。到了七夕之夜，要举行送巧仪式，女儿们一边将巧娘娘点燃焚化，一边唱着忧伤的送神歌，与巧娘娘依依惜别：

> 白手巾绣的是水仙，
> 一股子青烟升了天。
> 白手巾绣的一枝兰，
> 再也见不上巧娘娘面。
> 白手巾绣的竹叶梅，
> 巧娘娘一年来一回……

唱到伤心处，有的女人会情不自胜地哭泣起来，其他人受到感染，顿时哭成一片。整个七夕活动，在一种感人的哀伤气氛中落下帷幕。

将陇南地区七夕节乞巧祭，与我们在上文提到的波斯或中亚的塔穆兹祭或哭神儿节相比较，两者之间的相似性是不言而喻的。首先，陇南七夕跟康国的哭神儿节一样，也是从七月初一开始，直到七月初七才结束，整个节日时间长达七天。其次，陇南七夕的高潮并不是像传统的乞巧节那样是各家各户在自家的庭院中单独举行的，而是全社区姑娘的集体庆典，很多活动是在公共场合进行的。第三，初七日众女子成群结队地到郊野的泉水边汲取新水，是整个七夕活动的高潮，也使整个节日的狂欢气氛达到顶峰。我们还记得上文曾提到过，波斯、粟特的七月哭神儿节，实为特里甘节或雨神节，本为祈雨而设，节日期间，青年人会在河边泉畔取水沐浴，泼水嬉闹。第四，陇南七夕节那个被人们郑重供奉的巧娘娘神偶，不是织女，而是摩睺罗或塔穆兹，只不过也因为置身于女儿节，而入地随俗地变成了女身，被当成了织女。第五，尤其令人诧异的是，陇南的七夕节是在一种伤感的气氛中结束的，女子们用悲歌甚至哭声送别神偶或者巧娘娘，悲痛欲绝的样子，仿佛是生离死别。中国的七夕节尽管因为牛郎织女的故事而染上了伤感的色彩，但是牛郎织女只是生离，而非死别，所以他们的故事和命运尽管令人哀伤，却不至于悲恸。陇南七夕这种与神诀别的悲伤结局，当然与塔穆兹节或哭神儿节因为塔穆兹夭折而引起的悲伤，如出一辙。最后，我们在上文说过，西亚塔穆兹祭的一个重要环节是女子们歌唱怀念塔穆兹的哀歌，以至于塔穆兹哀歌成了巴比伦文学的一个重要文体，甚至有学者认为，《旧约全书》中的《雅歌》，就是源于塔穆兹哀歌。陇南七夕自始至终歌声不断，而且大多是女子们哀感身世不幸、世道不公的悲情之歌，是不是也源于西域哭神儿节或塔穆兹祭的哭歌传统呢？

总之，陇南七夕风俗有着明显的波斯文化烙印，整个西和乞巧祭，实为中国传统的乞巧风俗与波斯的雨神节或哭神儿节风俗两者交汇而成。

直到今天，我们仍能在陇南这个偏远的地方，与古老的波斯风俗不期而遇，让人觉得自己好像是不小心登上了时空穿梭机，被带回到一个早已消失的时间、早已关闭的空间。这委实令人诧异，波斯的雨神节风俗是如何传入这里，又是如何历尽千年风雨而几乎完好地保存到如今的呢？

其实，陇南这个地方，相对于长安、洛阳等中国文化的腹地而言，固然显得僻远、边缘，但是，其在中国和西域文化交流中的地位，却一点也不偏远，相反，陇南地区自古以来就是蜀地和西域交流的咽喉通道，特别是当丝绸之路的河南道兴盛之后，陇南地区的交通枢纽优势更为突显。

西汉之后，张骞通西域，开辟了中西贸易的通道——丝绸之路，这条从长安出发，经由河西走廊抵达西域的丝绸之路（河西道），自开辟以后，原本一直畅通无阻。然而，西晋覆亡之后，北方处于五胡十六国的混乱之中，河西走廊地区又先后处于前凉、后凉、西凉、北凉等不同政权的统治之下，河西走廊因为战乱经常阻断，更加之偏安南方的南朝政权无法经由北朝统治地区同西域交往，因此，原来沟通中西交流的丝绸之路河西道受到严重影响。与此同时，迁徙至青海及其周边地区的鲜卑族人吐谷浑及其后代，趁各政权纷争不息之际发展自己的势力，建立了庞大的吐谷浑国。吐谷浑人积极推进与西域的政治和商贸来往，并且为来往其地的行旅、商人提供方便，维护中西交通的安全。因此，在南北朝时期，一条由建康（今南京）沿长江而上至蜀地（今四川），由蜀北上沿白龙江、岷江至陇南，进入青海，由西宁至吐谷浑的都城伏俟，再由伏俟城分头通往西域各国的丝绸之路河南道或曰青海道逐渐形成、兴盛起来，成为当时中西交通的重要通道，而介乎中原与吐谷浑之间的陇南地区则成为这条河南道上的交通枢纽。

河南道的开通，与蜀锦的外销密不可分。蜀地桑织业发达，其生产的蜀锦色彩鲜艳，质地坚韧，自古就吸引着各地商人。张骞出使西域归来，向汉武帝禀报说："臣在大夏时，见邛竹杖、蜀布。"（《史记·大宛列传》）可见，蜀锦早在汉代便远销西域。南北朝时，由于北路阻塞，蜀锦主要从丝路河南道出口。陇南正处西域入蜀的咽喉之地，故而可以推测在魏晋乃至更早的时代，粟特人便在陇南地区留下了足迹。唐人于邵在《汉源县令厅壁记》中云：

> （汉源县）南呀蜀门，东豁雍畤，西走连碛，北逾大漠，四郊憧憧者，于是乎终，故狱市之烦，供亿之费，上咨郡府，下用临恤。（《全唐文》卷四百二十九）

汉源县，原称成州，大约为今西和县、成县、礼县之地，肃宗时更名为汉源县。于邵认为这个地方交通便利，四通八达，四方的商人熙熙攘攘，络绎不绝，流动人口多，交易纠纷多，不好管理，可见当时市场之繁荣。

当代考古发掘在这一路线所经过的青海等地发现了波斯萨珊王朝时期的银币和产自粟特的金银器、丝织品，证明这一通道上确实留下了波斯和粟特商人的足迹。中古时代的陇南地区毗邻氐羌之域，扼守丝路要道，很容易吸收来自西域的宗教和风俗，同时相对于中原文化中心，又山高皇帝远，乡土风俗不容易被中原正统文化所同化，正是这一特殊的历史和地理机缘，让来自波斯或粟特的七月节风俗在历经千年之后仍然悠悠流传，这不能不说是一个文化史奇观。

当七夕乞巧的风俗在中国大部分地区久已消歇之后，诸如广东的摆七娘、闽台的拜魁星以及陇南的迎巧娘等七夕风俗，之所以能够奇迹般地存活下来，恰恰是因为这些地方的七夕吸收了来自波斯和中亚的异域风俗，吐故纳新，别开生面，使整个节日获得了超越于传统乞巧节的意义。因此，当其他地方的七夕节不可避免地随着男耕女织的生活方式之瓦解而衰落时，这些地方的七夕节却避免了没落的命运，奇迹般地幸存下来。也就是说，这些地方的七夕节之所以能够历经世变而得以延续，恰恰因为它们不是单纯意义上的乞巧节。

七夕乞巧节，滥觞于上古，确立于汉末，酝酿于魏晋，定型于盛唐，到了宋代，来自遥远波斯的异域之风，如同一个突如其来的变奏，使其从原来的清扬哀婉的清商曲，一变而为急管繁弦的胡旋舞，成为中国七夕节历史上最为华彩的一章。宋代之后，随着外来因素逐渐融于本土传统，摩睺罗、种生、谷板等新异之物，或者脱胎换骨，成为七夕传统的一部分，为华夏七夕风俗增添了一抹异彩，或者逐渐消失，泯灭于无形，七夕风俗重新由绚烂至极渐归于平淡。历元、明、清直到如今，宋代的七夕狂欢风俗，除了在极个别的地方还遗风犹存之外，那种罗绮满街、举国若狂的盛况，早已风流云散，元、明、清三代的七夕风俗，大致又恢复了中国传统七夕的婉约基调，不过是秋夕月下，小儿女们穿针引线，拜星乞巧，葡萄架下听私语……

"青山遮不住，毕竟东流去。"现如今，尽管牵牛织女会天河的故事一如既往地在人间流传，尽管每年七夕人们仍会仰望星空、穿针乞巧，尽管天上的织女星和牵牛星依然在水一方、脉脉相望，但是，无论如何，宋代七夕那般急管繁弦的华彩乐章，早已成为绝响，再也不会时光重现。

近年来，鉴于喜欢赶时髦的青年人对西方情人节的热衷，又因为七夕节的背后原本就有牵牛织女坚贞不渝的爱情故事，有些忧国忧民之士希望重新复活七夕节，并将之重新界定为"中国的情人节"，借以复兴传统，抗衡西方文化的侵蚀，久经冷落的七夕节似乎又时来运转，迎来了复兴的曙光。实际上，把七夕节重新定义为"情人节"，纯粹是一厢情愿。一个节日的实质，主要不是取决于它的故事，而是取决于它的风俗。历史上的七夕节，尽管有缠绵悱恻、凄婉动人的爱情故事，尽管有唐明皇和杨玉环"七月七日长生殿，夜半无人私语时"的风流韵事，尽管历代的文人词客写下了无数情思绵绵的七夕诗、七夕词，民间的七夕，却从来就没有男女交往、恋爱求偶的风俗。七夕节的主题是乞巧，七夕节的主角是女子和儿童，而与两性交往无关。其实，牛郎织女爱情故事所蕴含的意义，也不过是时令转换、秋天开始的消息。七夕，作为秋天的第一个节日，拉开了秋天的序幕，而秋天的戏剧永远是令人伤感的悲剧。袅袅秋风乍起，令人黯然神伤，因此，七夕与其是情人的节日，不如说是一个伤情的日子，与其说是一个令天下有情人皆成眷属的日子，不如说是一个自古多情伤离别的日子。

其实，中国原本是有自己的情人节的，它和西方的圣瓦伦丁节一样，不在秋天，而在春天。在古代，包括春分、春社、清明、上巳等在内的一系列春天节日，除了其特有的与农事、祭祀有关的仪式内容之外，无一不是风情摇曳的爱情节日，且不说自古以来那些在春天节日上吟唱的诗篇中流露出来的无边风月，翻翻宋明话本、元人戏文，那些多情的才子佳人几乎无一不是在清明上巳、踏青游春的游戏场上一见钟情、私定终身的。说到底，万物盛开、摇荡性灵的春天才是滋生爱情的季节。

时下国人炒作七夕情人节概念，初衷是为了和西方的情人节抗衡，用心可谓良苦，不过，即使七夕节果真借着"情人节"的摩登招牌梅开二度，那也是一个当代的发明，旧瓶子里装新酒，其底蕴不再是盈盈一水、白首相守的古典爱情，而是另一个需要重新从头说起的欲望都市故事了。

曾随织女渡天河，记得云间第一歌。

休唱贞元供奉曲，当时朝士已无多。（刘禹锡《听旧宫中乐人穆氏唱歌》）

对于现代的中国人来说，曾经的七夕节，已经成了一曲渐行渐远的骊歌。

后　记

本书原名《七夕》，为"节日中国"丛书中的一种，由生活·读书·新知三联书店于2013年印行。这次重订，除第五章"魁星之谜"一节部分内容重写、更新部分插图之外，其他内容未作较大修改。

本书插图所用年画、版画、汉画像图片，除注明者外，均为山东工艺美术学院张从军教授提供，特此致谢。

刘宗迪

2023 年 2 月 24 日于北京